いまの**会社**で、
いつまで**働き**
続けられますか？

「最近、仕事にやりがいを感じない」
「このままの働き方で定年を迎えたくない」
「定年まで会社にいられるか分からない」
「そもそも、定年まで会社が続くか不安」

中堅とよばれる年代に突入し、
そんな悩みや焦りを持っている方は多いと思います。
でも、

「今の会社でこれ以上出世するのはたぶん無理」
「もう若くないし、転職は難しい」

「そもそも、やりたいことすら分からない」
「いま放り出されたらヤバい……」

と、ただ不安を募らせている人もまた多いのではないでしょうか。
そんな人におすすめしたい、
会社に頼らずに生きていく方法があります。
それが、「地味な資格」を取って人生挽回する方法です。
きっと、「資格なんかでどうにかなるの？」と思われるでしょう。
でも、安心してください。
この本でおすすめするのはただの資格ではありません。

**「地味な資格」です。**

「地味な資格」とは、「法人に必要とされる資格」のこと。
法人相手だから、一般には知名度が低く、地味なのです。
でも、だからこそ競争率が低く、安定して稼げます。

この本では、
「地味な資格を取って人生を挽回する方法」をお伝えします。
冴えないおじさんでもできた、とても簡単な方法ばかりです。
きっと、人生に悩めるあなたの
「未来が開けるきっかけ」にしていただけるでしょう。

"OJISAN"
with
Insignificant Qualifications
can earn a lot.

さとう・あつのり
佐藤敦規
Atsunori Sato
"Author"

CROSSMEDIA PUBLISHING

## はじめに

# 冴えないおじさんが人生挽回した「世界でいちばん地味」な方法

みなさん、人生は順調ですか？

この本のタイトルに興味を持ってくださった方ですから、おそらく思い通りの人生というわけではなく、いまの境遇を変えたいと思っている人が大半だと思います。人並みに努力してきたにもかかわらず、自分の現状に満足できず、「こんなはずじゃなかった」と忸怩たる思いの人もいるでしょう。

人生、誰もがうまくいくとはかぎりません。
実際に私もそうだったので、気持ちはよく分かります。

5年前にこの本を見かけていたら、迷わず手を伸ばしていたでしょう。本書は、そんな方に人生の後半戦を自由に生きるためのアドバイスを伝えるものです。

はじめまして。私は社会保険労務士、通称「社労士」の佐藤敦規と申します。社労士は社会保険労務士法に基づいた国家資格であり、企業の労働・社会保険などについてのアドバイスや、行政機関への申請業務の代行などを行っています。私は顧問契約を結ぶ20社と、その他約10社、合計で30社ほどをつねに担当しています。雇用調整助成金申請のサポートや、働き方改革、テレワーク、パワハラなどが話題になったことによる就業規則の見直し案件、労働基準法改正への対応など、変化の激しい現代では何かと需要があるようで、日々忙しくしています。

現在でこそ充実した日々を過ごしていますが、50歳で社労士の資格を取るまでの人生はというと、決して順風満帆とはいえませんでした。

少しだけ、過去の話をさせてください。

私は運良く大学には入学できたものの、学生時代の成績は決して誇れるものではありませんでした。

なにも、遊んでいて成績が悪かったわけではありません。しっかり時間をかけて勉強していたにもかかわらず、たいした成績をとれない、いちばんかっこ悪いパターンです。就職も希望していた職種に就けませんでした。

社会人になっても同じような状況が続きます。

新卒で入社した印刷会社では、朝早くから深夜まで、誰よりも長く働きましたが、これといった成果には結びつきませんでした。

40代半ばにしても課長になれず、窓際係長に留まっていました。任されるのは小さい仕事ばかりで、会社に期待されていないと感じ、モチベーションは下がる一方。出世の可能性もほぼゼロで、この先どうなるんだろうと、不安に囚われていました。

そんな私が変わるきっかけになったのが、資格試験です。

仕事で英語を使うことがあったためＴＯＥＩＣ試験を受けてみたのですが、思ったよりもよい点数をとれたのです。

試験に対して少し自信がついた私は、次いでＩＴパスポートという情報処理の試験を受け、こちらも合格できました。難関の資格ではありませんでしたが、合格できたときは、人生で味わったことのない喜びと達成感を得られました。

この喜びを再び味わいたい。自分に合った勉強法を続けさえすれば、難関資格の取得も夢ではないのではと、挑戦心が芽生えた瞬間です。

当時は「消えた年金問題」が話題になっていたこともあり、社会保険に関する仕事の需要が増すと考え、社労士を目指すことに決めました。そして3年以上の苦労の末、合格することができました。

その後、社労士の資格を活かして転職し現在に至ります。

社労士の資格を得たことで、以前よりも収入は上がり、セミナーの講師などを担当させていただくなど、仕事のやりがいも感じることができています。

大成功とまではいかなくても、私の人生は好転できました。

とはいえ、資格を取っても仕事が見つからず、食べていけなくなる人も多いと聞きます。

ではなぜ、特段頭が良いわけでもなく、人脈もなく、人見知りである私が仕事につなげることができたのでしょうか。

考えた結果、それは私が取った資格が「地味な資格」であったからなのだと気づきました。

「地味な資格」とは冒頭でお伝えしたとおり、「法人に必要とされる資格」のことです。個人消費者を相手にするのではないため一般的な知名度は低いですが、法人のニーズをしっかりとらえれば、安定したビジネスが可能です。知名度の低いBtoB企業が意外と世界トップシェアであったりするのと同じことです。

この本では、私がこれまでに模索して見つけた「地味な資格を取って人生を挽回する方法」を紹介します。「資格の選び方」や「資格の勉強法」、そして「取った資格を仕事にする方法」まで、具体的な方法を網羅的にお伝えします。

おもに私のように「取った資格を活かして専門家になったり独立したりするための方法」をお伝えしますが、「資格を活かして転職したい」という方にも参考にしていただける部分は多いにあるかと思います。資格を取るだけで終わらず、その資格を活かして「人生を挽回する」ところまで、責任をもってアドバイスします。

まず第1章では、「地味な資格」を取ることが有効である理由をお伝えします。勉強を継続するためには、自分で納得できていることが重要です。この章で、「いまさら資格を取っても役に立つのか？」「時間の無駄ではないか？」といった疑問を解消しておきましょう。

第2章では、取得をおすすめしたい「地味な資格」をお伝えします。地味な資格とは「法人に必要とされる資格」のことですが、法人相手ならどんな資格でもいいわけではありません。資格の内容や難易度なども交えて、人生挽回をねらえる資格を紹介します。

第3章では、試験の勉強を始める前に必要な準備や心構えをお伝えします。新しいことを始めるときは、「最初の一歩」と、「歩み続けること」が大事です。試験勉強はすぐに成果がでるものではなく、「続ける」ことが最大の難関です。この章では、続けられる勉強法を選ぶための方法や考え方についてアドバイスします。

第4章では、社会人に適した勉強法についてお伝えします。

私がそうだったように、勉強しても結果に結びつかない人に共通するのは、自分に適した勉強法を見つけられていないことです。参考書選びの基本から問題の効率的な解法まで、普通のおじさんでも実践や継続できて、実力以上の力を発揮するための方法を伝授いたします。

第5章では、資格を活かして仕事を見つける方法をお伝えします。

資格を取ったからといって、勝手に仕事が舞い込むわけではありません。「資格」を「仕事」につなげるための秘策を授けます。

第6章では、顧客を増やすための営業の仕方をお伝えします。

独立して個人事業主として働くうえでは、営業は避けられないことです。とはいえ、飛び込み営業は必要ありません。効率よく「紹介」をもらうための、営業ノウハウを示します。

第7章では、資格をつかって稼げる人になるためのマインドをお伝えします。

資格を活かして仕事を始めても、稼ぎ続けていける人とそうでない人がいます。最後の章では、資格を活かした仕事を「生涯の仕事」にしていくための、マインドについてお伝えします。

資格への挑戦は、働くうえで必要な「人間力」も高めてくれます。

勉強と仕事はまったく別物と考える人もいると思いますが、社労士として実務に就くと、試験勉強で養った力や習慣を活かしていること気づきました。

たとえば、読みづらい役所の文章を解読できるようになったのは、試験で知識を得たり試験問題を解いたりしてきたなかで養われた力によるものです。

商談相手に合わせたアプローチを考えるようになったのも、過去問を研究して逆算思考で考える習慣がついたからです。

資格試験に受かるための勉強や努力は、単なる試験の合格という点で終わるのではなく、その後の仕事や人生でも活きる基礎をもつくってくれました。

最後に、繰り返しになりますが、私はどこにでもいるただの「おじさん」です。就職失敗、転職5回、窓際係長と、50代であることを考えると、むしろ普通よりも「冴えない」おじさんでしょう。

でも、そんな普通のおじさんである私でもできた方法だからこそ、きっと多くの方のお役に立てると信じています。

この本には、才能がないとできない方法は一切載せていません。

一見地味に見える方法かもしれませんが、どこにでもいる冴えないおじさんが、実際にできたことだけを紹介しています。

仕事が終わったあとや休日に勉強を続けるのは本当に大変です。

「自分はなぜこんなことをしているのか？」「いまさら資格を取って役に立つのか？」「本当に合格できるのか？」と、立ち止まってしまうこともあるでしょう。

でも、こんな私ができたのですから、みなさんもきっとできるはずです。

どうぞ、自信をもって、その一歩を踏み出してみてください。

佐藤敦規

おじさんは、地味な資格で稼いでく。　目次

## 第2章

# 知っておきたい、資格のリアル

## 第3章 合格に必要な、「継続力」を手に入れる

# 第4章 実力を超えた、「底力」を手に入れる

## 持てる実力を発揮する【9つのライフスタイル術】

## 第5章 自分を変える、「行動力」を手に入れる



## 第6章 誰にもひるまない、「営業力」を手に入れる

## 第7章 自分らしくいるための、「生きる力」を手に入れる

## おわりに

# 第1章

# おじさんを救う、たったひとつの方法

地味な資格を「理解」する

# 苦境に立たされる現代のおじさん

みなさんは、フルマラソンを走ったことがありますか？

私は人生で1度だけあります。

「30キロからが勝負」と聞いていましたが、まさにその通りでした。はじめは順調でも、30キロ地点を越えると太ももに異変を感じ、しばらくすると激痛に変わりました。周囲を見ると、走るのをやめて歩きだす人や、係員にリタイアを申し出る人も。私もとうとう走るのをあきらめ、歩いてみました。

しかし、重力がかかったためか、痛みは和らぐどころかさらにひどくなり、「これなら走ったほうがマシだ」と、私はふたたび走りだしました。

社会人生活は、フルマラソンに似ています。

1年間を1キロとして換算すると、大学を卒業して就職する22歳から、定年退職をむかえる65歳までの43年間は、42・195キロとほぼ一致します。
マラソンの30キロ地点は、人生でいえば50代のおじさんです。そして、おそらくこの本の読者の多くは、この30キロ地点にさしかかる年代かと思います。

みなさん、順調でしょうか？

私のように痛みに顔をしかめ、もがき苦しんでいる人も多いのではないかと思います。

それもそのはず、なぜなら現代のおじさん(50代もしくは40代後半のビジネスパーソン)には、大きな3つの不安がのしかかっているからです。

## ① 20年間で1000万円減った退職金

この20年間、退職金は下がり続けています。
厚生労働省の「就労条件総合調査」によると、大卒社会人の退職金は、1997

年の２８７１万円をピークに右肩下がりとなっています。２０１８年では１７８８万円と、なんと20年間で１０００万円以上もダウンしました。

私は社会保険労務士として企業の賃金制度の相談に乗ることも多いのですが、１７８８万円という金額は一部上場の大企業が底上げしている印象もあり、大半の中小企業はこの金額に達していないと思われます。

仮に30代後半でマイホームを購入した場合はどうでしょうか。大半の人が30年以上の住宅ローンを組むと思います。以前は退職金で一括返済していた人が多数いましたが、退職金が減額される今日、おじさん社員のみなさんが退職時にローンの残額を一括返済するという計画は、現実的ではなくなりつつあります。

では60歳の時点でローンが残っていたらどうするのか？

答えはひとつ。65歳あるいは70歳以上になっても働き続けるしかないでしょう。

## ②人口知能（AI）による失業リスク

現代の働くおじさんの最大のライバルは、人工知能（ＡＩ）です。

AI技術は年々発展しており、「将来、AIが人の仕事を奪う」という意見を聞いたことがある人も多いのではないでしょうか。たしかに、マニュアルに従うだけの業務は機械やロボットに仕事を奪われやすく、銀行の融資担当者などの高度専門職と呼ばれる人ですら、影響を受けるおそれがあります。

実際に、大手企業を中心にAI技術の導入による人員削減は進んでいます。たとえば、みずほフィナンシャルグループは2026年末までに全従業員の3割にあたる1万9000人を削減すると発表しました。インターネットバンクやコンビニの銀行業界への参入、さらにはキャッシュレス時代の到来などにより、銀行の店舗数が減少しているためです。

## ③意図せぬパワハラ・セクハラへの恐怖

最近、セクハラやパワハラに関するニュースが増えたと感じませんか？

2020年6月からハラスメント防止法が施行され、企業にハラスメント対策が義務付けられました。現代はあらゆるハラスメントに対する社会の関心が高まっています。

「言っていることは分かるが面倒くさいな。俺たちが20代だった頃は違ったのに」と思っている人がいたら、要注意です。昭和という時代は活気があってよかったかもしれませんが、セクハラやパワハラなどの許容度は今日とだいぶ異なっています。これまでと同じように部下や同僚と接していても、相手の受け取り方によって、パワハラやセクハラと認定されることもあります。仕事をするうえでは、時代に合わせて考え方を変えなければなりません。

とくにおじさん社員は、頭では分かっていても、つい長年染みついたクセがでてしまいます。アルコールが入って下ネタを口にしてしまったり、仕事が上手くいかないと怒鳴ってしまったりすることが、若い世代よりも多いかもしれません。

こうしたリスクをいちばん懸念しているのは、経営者です。

「田中さん、この前社内で昔の武勇伝を語っていたけど、若手社員たちはうっとうしがっていなかったかな?」と、おじさん社員の言動を気にかけています。つまり、ハラスメントリスクのあるブラックリストに挙がっているのです。

現代のおじさん社員が抱える3つの不安を紹介しましたが、じつは、いまもっとも差し迫ったリスクがあります。それが「黒字リストラ」です。

2020年の新型コロナウイルス感染流行により企業の業績は悪化し、人件費の高いおじさん社員への逆風はさらに強まっています。しかしそれ以前から、近年は業績が好調にもかかわらず企業が中高年の社員に希望退職や早期退職を促す「黒字リストラ」が増えてきていました。

東京商工リサーチによると、2020年上半期には上場企業41社が早期・希望退職を実施し、その半数が黒字企業であったようです。

バブル期に大量採用した反動で中年社員の人数が余剰になっているのが主な要因ですが、社員の若返りのためでもあるでしょう。

新卒採用に苦戦する企業が多いなか、ハラスメントによって貴重な若手社員が辞めてしまったり、世間の評判が悪くなってしまったりすることは、大きな損失です。リスクがあり、給与も高く、時代の変化についていけない中高年社員を減らし、プログラミングや語学に堪能な優秀な若手社員の採用にコストを割きたい、そう考える経営者は多いのです。

早期リタイアをして、悠々自適に生きるのもよいでしょう。

しかし、日本人の平均寿命は年々伸び、いまは「人生100年時代」ともいわれています。おじさん社員は会社ではベテランですが、人生ではまだ折り返し地点です。まだまだお金は必要で、たとえ会社から煙たがられても、働き続ける必要があります。

それでも、AI導入による人員削減やハラスメントリスクによって、突然の退職が訪れるかもしれません。新型コロナの流行のような不測の事態により、会社が突然倒産してしまうこともあります。

くわえて、退職金の支給額は減ってきているため、住宅ローンの返済や老後の生活資金は不足します。早期退職に同意した人には退職金を割り増ししてくれる大企業もありますが、それだけでも十分ではありません。

定年も60歳から65歳、そして70歳に延びようとしており、人によっては定年後もまだ10年以上も働くことになる可能性もあります。

おじさんとはいえ、安定した人生のレールに乗っているわけではなく、未来に向けて自分で道を切り拓く必要があるのです。

# 5年以上の管理職経験がない人はピンチ

おじさん社員が直面している危機をお伝えしましたが、「そんなこと分かってるけど、アラフィフからいまさら何ができるというのか」「そんなネガティブなことは考えたくない」と思う人もいるでしょう。

でも、安心してください。

すべての人が危機に瀕しているわけではありません。30キロ地点を越えてもゴールめがけて涼しい顔をして走っている人もいるのです。

では、このままいくと危機に瀕してしまうのは、どんな人なのでしょうか？

それは、課長以上の管理職として5年間以上勤めた経験がない人です。

課長以上の管理職経験は、転職する際に大きなポイントとなります。つまり、勤めている会社から早期退職を突きつけられたときに、逃げ道があるのです。

40代や50代の転職は厳しいという声はよく聞きますが、正確にいえば「役職が課長未満の人」は厳しいということです。


なぜ、課長以上の管理職経験者は転職市場で重宝されるのでしょうか。

みなさんは、こんな都市伝説を聞いたことはありませんか?

転職活動で面接官から「あなたは何ができるのですか?」と聞かれ、「部長ならできます」と答えた50代の管理職経験者の男性がいたという話です。笑い話として語られていますが、じつはこれ、あながちばかげた話でもないのです。

中小企業は管理者教育が十分ではないため、管理職候補が不足していることが多いのです。日本に上陸して日が浅い外資系企業や、スタートアップ、ベンチャー企業もまた、同様に管理職が不足しています。

つまり課長以上の管理職経験がある人には、意外と転職の門戸が開かれているのです。

実際、私が務めていた中堅印刷会社でも、様々な部署に40代以上の中途採用者が管理職として入社してきました。こうした求人はハローワークや転職サイトなどで公にはされておらず、知り合いを介したリファーラル採用によって行われています。

一方、管理職経験がないおじさん社員の転職活動は厳しいものがあります。書類選考で落とされ、面接にさえたどり着けないことも多いでしょう。いまの会社以外に活路を見出すのが難しく、好転のきっかけを得られないのです。

現代は昇進の年齢が遅れる傾向があるとはいえ、大半の会社では早ければ30代後半、遅くとも40代の前半には課長まで昇進します。つまり40代後半になって課長以上の役職に就いていない、もしくは就いたとしても維持できなかったという人たちは、今後の好転が難しいのです。

「管理職になれなかったのは運が悪かっただけだ」「管理職になったあいつよりも俺のほうが実務はできた」「営業力なら課長よりも俺のほうが上だ」「俺は上司ではなく、顧客を第一に考えてきた」と反論する人もいるでしょう。

たしかに協調性や会社への忠誠心を昇進のポイントとする会社もあるため、実務能力がそれほどない管理職もいるでしょう。しかし、転職市場において「役職名」が一定の効果を発揮するのは、揺るぎようのない事実なのです。

「課長ではないけど係長ではあるから、頑張れば今後、課長を目指せるはず」という人もいるかもしれませんが、正直、微妙なところです。

まだまだ年功序列の意識が残っている日系企業のなかには、勤続年数さえ長ければ温情で係長までは昇進させてくれる企業もあります。

しかし課長への昇進となると、試験を受ける必要があるなど一定の基準がある場合が多く、社内政治で誰でもなれるわけではないでしょう。

よって、40代後半以上で、課長以上の役職に就いていない方は、会社にしがみつくのとは別の生存戦略を考える必要があります。

# 駄目な自分を受け入れるから人生は開ける

「他の人ができない専門的な能力を持っていれば、会社はいつまでも必要としてくれる」と考える人もいます。たしかに雑誌やウェブ記事でも、50代以上のサバイバル術として紹介されているのをよく目にします。

ですが、会社にとって必要な専門能力は、時代とともに変わっていきます。たとえば30年ほど前までは、手書きの文章をパソコンなどで清書するオペレータという仕事があり、入力速度が速い人は重宝されていました。しかし、ほとんどの人が当たり前にパソコンを使う現代では、入力速度が武器になることはないでしょう。

むしろ専門スキルを持っていても、自分だけが担当している業務を周囲に見せずブラックボックス化して抱え込んでいると、経営者から厄介な社員だと思われるリスクもあります。

DX化により、専門知識や能力を持った人ですら必要なくなるおそれもあります。もはや特定の能力だけでは、自身の存在価値は担保できないのです。

一方で、管理職に就いている社員は、それなりに持っている能力があります。

昨今は会社で働く人も多様性に富むようになってきています。パート社員や派遣社員、外国人労働者、定年退職後に嘱託で働き続ける高齢社員、これら多様なスタッフを管理する能力は、誰にでもあるものではないでしょう。

また、セクハラやパワハラなどのリスクがあれば、その地位を保つことはできません。管理職であることは、そういった事実がなかったことの証明にもなります(ワンマン社長が私物化している中小企業や、過酷なノルマを課すブラック企業は別かもしれませんが……)。

だからこそ、管理職経験がある人は「少なくともこの人を採用しても部下たちに迷惑をかけて社内を混乱させる心配はないな」と、安心してもらえるのです。残念なことに、管理職に就いていない人よりも社外における評価は高くなります。

残酷なことをいえば、サラリーマン人生であなたは負けてしまったのです。

「直属の上司との相性が悪かった」「配属された部署が時流にのらなかった」などの運に左右された要素もたしかにあったのかもしれません。

ですが、入学試験やスポーツの試合は結果だけが残るように、会社員としての評価も同じです。「あいつより普段は俺のほうが成績はよかった」「練習では俺のほうが上手かった」と言っても真に受ける人はいないでしょう。

私も、50歳近くになっても管理職にはなれませんでした(実務も誇るほどのものはありませんでしたが)。現実に目を向けるのはつらいかもしれませんが、自分のいまの立ち位置を受け入れることが、第一歩となります。

ただ、これで終わりというわけではありません。

人生100年時代、前半戦は負けてしまったとしても、まだ後半戦があります。思い出してください。マラソンでも30キロ地点からが勝負といわれています。後半戦で挽回すればいいのです。

では、後半戦から人生を挽回するには具体的にどうすればいいのか。それを、次のページから説明していきます。

# おじさんは「地味な資格」を取ろう

前半戦で負けてしまったとしても、いまから心を入れ替えて仕事に打ち込めば、道は開け、後半戦で勝てるのでしょうか？

不可能ではないですが、実際のところは難しいでしょう。40代や50代で役職に就いていない人は、重要なプロジェクトや顧客から外され、大きな成果を見込めない仕事や顧客を担当させられたり、若手社員と同じような立場や働き方であったりすることが多いからです。

このような状況で、会社の評価を覆すような実績を挙げることは不可能に近いでしょう。それに、自分のモチベーションも長くは続きません。

ここまで読んだ方はきっと、「転職もダメ、社内の仕事で巻き返すのもダメ、じゃあ、いったいどうしろというんだ」と思っていることと思います。

そこで、打開策としてみなさんにおすすめしたいのが、「地味な資格」を取ることです。

地味な資格とは、「世間の知名度は低いけど、法人に必要とされ、案外稼いでいる人が多い資格」を指しています。士業でいえば、社会保険労務士や行政書士、土地家屋調査士などが該当します。

なぜ地味な資格を取ることがよいのでしょうか？

その理由は3つあります。

## ①働きながら取得できる

読者のなかには「せっかく勉強して資格を取るのなら、弁護士や医師、税理士といった稼げる資格を取りたい」と思った人もいるのではないでしょうか。

しかし、これらの資格を取るには膨大な勉強時間が必要です。40歳を過ぎてそれから難関資格に挑戦することは現実的ではありません。

たとえ会社を辞めて勉強に専念して奇跡的に合格したとしても、若いうちからその仕事に就いている人たちと競い合うのは難しいでしょう。

一方で、社会保険労務士や行政書士などの「地味な資格」は、働きながらの勉強で十分合格をねらえます。その理由は44ページで詳しくお伝えします。

## ②法人相手で安定する

地味な資格は、弁護士や医師のように知名度が高いわけではありません。それは、個人よりも法人を対象にすることが多いからです。ところが知名度に反して、じつは法人を相手にする資格のほうが個人相手の資格よりも収入が安定します。

また、法人相手の仕事ということは、いままでご自身が行ってきた仕事の知識も活かせる可能性があります。つまり、経験と資格と組み合わせる「掛け算思考」でキャリアを構築できるのです。

資格はそれだけで強みのひとつになるので、その資格と親和性がある実務経験を組み合わせることで、他の人が持っていないキャリアを構築できます。

## ③食っていける

資格貧乏という言葉があるように「最近は弁護士でも仕事がないと聞くし、資格なんて取っても意味がない」と思う人もいるでしょう。

日本リサーチセンターがインターネットで約1万1000人に対して行ったアンケートによると「現在、必要でないと思うもの」の1位は学歴（28・6％）、2位は資格（22・2％）、3位は車（20・7％）でした。それだけ、資格は不要だと考えている人が多いようです。

しかし統計上の数字は、異なっています。

学歴について、平成30年度の賃金構造基本統計調査（厚生労働省の統計）によれば、高卒男子の生涯年収1億9882万円に対して、大卒男子の生涯年収は2億5752万円となっています。学歴がすべてというわけではありませんが、大卒のほうが6000万円以上も多く稼いでいるのは事実なのです。

資格も同様です。たとえば、介護職の無資格者の平均月収は19万6432円ですが、介護支援専門員（ケアマネジャー）の平均月収は27万4471円と、8万円近くの差があります。介護というと給料が安いイメージを持つ人が多いですが、有資格者にかぎっていえば、地方などではむしろ公務員と同じくらいの高給取りといえるのです。

たしかに、苦労してとった難関資格を活かせていない人もいますが、すべての人がそうだと判断するのは早計です。資格を上手く活かせば、収入アップには十分つなげられます。本書の後半では、そのための方法も解説します。

地味な資格をすすめる理由をお伝えしましたが、では「起業」や「投資」と比べるとどうでしょうか。

サラリーマンとしての先行きが見えなくなった人のなかには、起業や投資による一発逆転を考える人もいます。中高年向けのそれらセミナーは多数開催されており、目にしたことがある人もいるでしょう。

会社設立のハードルは以前より下がったとはいえ、起業に際してはある程度の資金が必要になります。カフェや喫茶店といった飲食店の開業であれば1000万円は必要でしょう。

そのため、貯金を切り崩したり、銀行から借り入れしたりなどのリスクが発生します。

士業として独立する場合もコストはかかりますが、独立のほうが、自宅を事務所にできたり仕入れが要らなかったりと、用意する資金は少なくて済みます。

そして投資はいうまでもなく不確実です。

インバウンド需要や東京オリンピック需要を期待した民泊事業などが話題となり、サラリーマンでも始められる不動産投資に興味を抱いた人も多くいました。しかし、新型コロナウイルス感染症の流行により民泊の需要は大きく後退。大きな損失を出した人もいます。

株であれ不動産であれ、不確実性の高い現代社会で素人が投資で生計を立てるには、運も必要となります。これは士業として成功するよりも難しいものがあります。

これだけの説明ではまだ不安だという人もいるでしょう。

次ページから、これまでお伝えした「地味な資格を取るメリット」を、ひとつずつ詳しくみていきます。

# 地味な資格は「働きながら取得できる」

士業になるための地味な資格は、どの試験も合格率が10％台かそれ以下です。この数字を見ると、「若いうちから勉強しなくてはいけない」「仕事を辞めて勉強に専念しなくてはいけない」と思う人もいるでしょう。

では、私が取得した社会保険労務士試験を例に、合格者の年齢分布を見てみましょう。直近（2020年度）試験の合格者のうち、約6割は40代以上です。50代以上も3割います。また、職業別の分布を見ると、会社員の割合が約6割を占めます。つまり、合格者の半数以上が中年サラリーマンなのです。

ではなぜ、合格率が低いのでしょうか。それは、いわゆる「記念受験」的な人が多いからです。あまり勉強はできていないけど、受験料も払ったし、試験はマークシート形式なので、とりあえず受けてみようと考える人です。感覚的には受験者の

**2020年度社会保険労務士試験
合格者の年齢階層別割合**

**2020年度社会保険労務士試験
合格者の職業別割合**

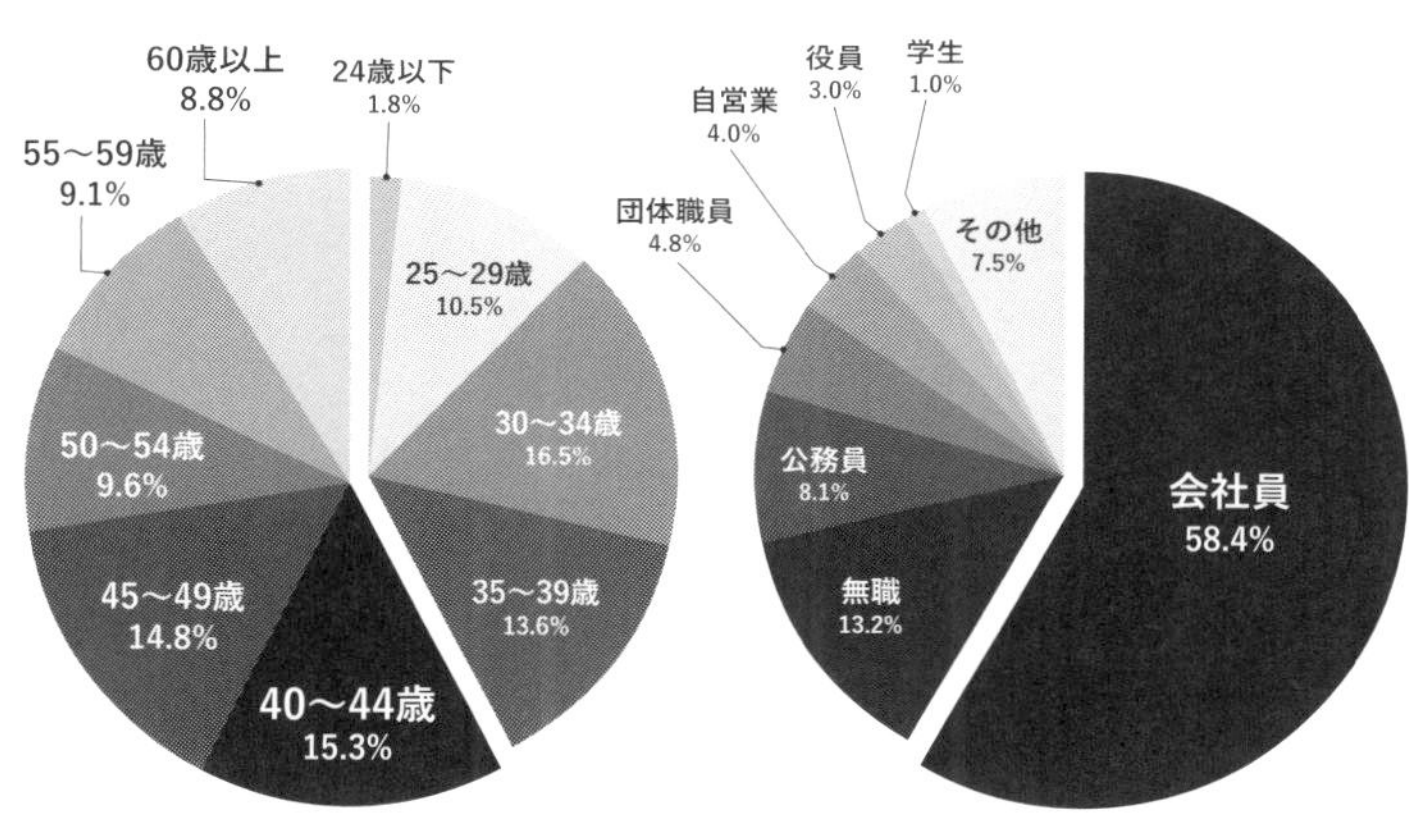


なかで万全に対策してきた人は半分もいないのではという印象です。本気で勉強してきた人が受ける医者や弁護士、税理士などの資格とは異なるため、合格率はあまり気にしなくてよいでしょう。実際、私が知っている社会保険労務士の多くは、働きながら合格した人です。

断言します。資格試験のために仕事を辞める必要はありません。もちろん仕事以外にもプライベート面の問題で自由に勉強時間をとれないこともありますが、そのなかでも勉強時間を確保する方法は、第3章で詳しく説明します。

# 地味な資格は「法人相手で安定する」

地味な資格とは反対の「みんなが知っている資格」とは何でしょう。医師、歯科医師、弁護士、そして司法書士や税理士などでしょうか。これらの資格の共通点は、個人が困ったときにお世話になっていることです。

一方で、社会保険労務士や行政書士に個人で仕事を依頼することはあまりないでしょう（社会保険労務士や行政書士のなかには障害年金や成年後見人など個人を対象にしている人もいるにはいますが）。そのため、一般的には資格の存在や業務内容はよく知られていません。最近では少し変わりましたが、私も知り合いに社会保険労務士という仕事を説明するのにいつも苦労していました。

では地味な資格は誰を相手に商売しているのでしょうか？

それは法人です。社会保険労務士なら会社の給料計算や助成金の申請代行、行政書士なら会社の許認可や在日外国人の就労ビザの取得代行などを請け負っています。
そして、不特定多数の個人を対象とするよりも、法人を相手にした商売のほうが収入が安定します。その理由は次の3つです。

- ●契約が長く継続することが多い
- ●単価が比較的高い
- ●契約先が新たなお客さんを紹介してくれる

なかでも最大のメリットは「契約先が新たなお客さんを紹介してくれる」こと。中小企業のオーナー社長には、同じ中小企業のオーナー社長の友人や知人が多く、彼らは広告やウェブ検索よりも口コミを重視するため、紹介が出やすいのです。お客さんを紹介してもらえることで、営業活動に割く時間や費用を割愛できます。

一方、個人を相手にする資格はビジネスを持続するのが大変です。多くの弁護士事務所が過払い金請求に関する広告を打っていたように、つねに競争にさらされ、広告や設備投資、営業が必要になります。

# 地味な資格は「食っていける」

「日本の給料&職業図鑑」(宝島社)という各職種の月給と生涯年収を記載した興味深い本があります。社会保険労務士や行政書士などの地味な士業も紹介されており、その本によると、社会保険労務士「2億7525万円」、行政書士「2億2841万円」となっています。

ビジネスパーソンの生涯年収が2億〜2億5000万円といわれていると考えると、十分生活していける金額です。ただこうした平均の数字を比較してもあまり意味はないかもしれません。なぜなら士業は、稼いでいる人とそうではない人の差が大きいからです。

とはいえ、地味な資格のいいところは、50代からでも稼ぐことができる、むしろ50代からでも収入を伸ばしていけるところです。

役員まで登りつめる人は除き、一般のビジネスパーソンは55歳を越えると役職定年となり、年収が減少します。60歳を越えると雇用形態も嘱託や契約社員などに変わり、収入がそれまでの半分以下となる人も少なくありません。

定年後もお金を稼ぐために、カフェなどのお店を開く人も多いでしょう。たしかに自営業は定年がないため、いつまでも働き続けられます。

しかし、年齢を重ねるとサービスや感覚が時代と合わなくなり、売上が落ちることもあります。高齢者は美容室や飲食店などの利用頻度が減るため、安定した売上を得るには、若年層の新しいお客さんを獲得し続ける必要があるのです。そのため、サービスを提供する相手と年齢が離れていくことは、重大な壁となります。

先述の通り、社会保険労務士や行政書士が対象とするのは中小企業の経営者です。経営者の平均年齢は59・8歳と高く、実際、私が担当している企業の経営者も大半が60歳を越えた人です。

私はいま56歳ですが、そういった企業を訪問すると「若い人が来たな」という反応をされることもあります。

社労士として企業の賃金制度の構築や事業譲渡、M&Aなどの高額案件を手掛けるには、会社の実情を丸裸にしてもらわなくてはいけません。

そのためには実務能力や知識があるだけでは不十分で、経営者の懐に入る必要があります。だから、士業として企業と付き合ううえでは、経営者と年齢が近いおじさんほど有利となるのです。

診療所や個人医院に通う高齢者のなかには「若先生のほうが腕はいいと聞くけど、俺は先代の先生に診てもらうよ。話が通じて楽だからね」と、自分と年齢が近い医師を希望する人もいます。それと同じことが経営者と士業の関係にもあてはまるのです。

もちろん、すべての士業がそういうわけではありません。税理士のように、いつまでも古株の人が顧客を独占していて新規参入者の壁となっている士業もあります。

ただ幸いなことに社会保険労務士などの地味な資格は、そういった状況はなく、まだまだ顧客開拓の余地があります。

# 地味な資格はＡＩ時代でも役に立つ

本章の冒頭で、これからはＡＩの進化による失業リスクがあると述べました。読者のなかには「そんな時代に資格なんて役に立つのか」と思う人もいるのでは。

２０１５年にオックスフォード大学と野村総合研究所が発表した共同研究では、8大士業（弁護士、司法書士、土地家屋調査士、税理士、弁理士、社会保険労務士、行政書士、海事代理士）のうち行政書士が93・1％、税理士92・5％、弁理士92・1％と、３つの士業が9割を超える確率でＡＩに代替されると結論づけられました。

たしかに確定申告については、ｅ－Ｔａｘというウェブで申告できるシステムが普及し、大半の人が税理士に頼ることなく申告業務が行えるようになってきてはいます。

飲食店開店などの許認可業務も同様です。役所ごとに書類に細かい規定があり、少しでも違っていると受理してもらえないため行政書士など専門家に依頼する人が多いですが、今後、書類の間違いをＡＩが判断して指摘する技術ができれば、独自に申請を行う人も増えるでしょう。

行政も「ハンコの廃止」を進めるなど、自動化を進めています。

とはいえ、士業が関わる行政の仕事は、日本は諸外国と比べてＡＩ化が遅れるものと考えられます。その理由は次の３つです。

## ① 判断基準が属人化され、共有されていない

役所の窓口では口頭でやりとりをするため、人によって対応が異なります。たとえば助成金を申請する場合、ある担当者では認められた方法が、別の担当者では却下されることがあります。自治体によっても対応が異なっています。

## ②お役所の文章はＡＩでも理解できない

日本語は英語と異なり、文末まで読まないと判断できません。関係代名詞もなく、複雑な内容を説明する際は極端にまわりくどくなることがあります。

とくに役所が作成する文章は長文なうえ、例外事項などを括弧書きで記しているなど、専門家であっても理解するのに苦労します。

ＡＩがすぐにお役所の文章を正確に理解できるようになるのかは疑問です。

## ③1ミリでも不正が可能な方法は認められない

日本人は完璧を求める気質や潔癖性を持っています。

許認可や助成金の申請などを電子申請で完結できるようにすると、不正のリスクはどうしても発生します。対面での申請なら不正を確実に防げるわけではありませんが、未然に防ぐ手立てにはなります。

他にも、ＡＩ化によって仕事を拡大している専門家もいます。

これらの理由から、当分の間は資格が無価値になることはないでしょう。

# 地味な資格で「独立」を目指す

ここまで「地味な資格」のメリットをお伝えしてきましたが、どれも「資格を活かして働く」うえでのメリットでした。

そうです、残念なことに「資格を取れば会社で出世できる」というメリットはあまり期待できないのです。宅建やＴＯＥＩＣなどの資格取得を昇進の条件としている会社もありますが、それは30歳前後の社員が主任や係長などの役職に昇進する際の話です。おじさんはそういった選別をされる時期はとっくに過ぎています。

人生を後半戦で挽回するには、これまで過ごしてきた環境を変えるのがいちばん手っ取り早く、かつ効果的です。つまり、転職か独立です。

そのための手段として「地味な資格」をおすすめしたいのです。

いまの会社に愛着があり、働きぶりや人間関係が好きでどうしても離れたくないという人もいると思います。

長年勤めた会社を離れるのは、誰でも多少は寂しいものです。その会社が、定年までご自身の給料や職務、そして老後まで面倒を見てくれるのであれば何も問題はありません。このページで本を閉じていただいてもかまいません。

ただ、将来に少しでも不安がある人は、引き続き本書を読み進めてください。

まずは「地味な資格」で独立を目指すパターンを紹介します。

資格のなかでも、社会保険労務士、行政書士、土地家屋調査士といったいわゆる「士業」は、個人事業主として独立することができます。

稼いだ分をすべて自分の収入とできるため、独立は資格の活かし方でもっともリターンが大きい選択です。

とはいえ、「いきなり独立するのはリスクが大きい」と気がひける人もいるでしょう。そう考える人は多く、まずは副業として始め、独立の準備を進めるのが一般的となっています。

しかしここには、ひとつネックがあります。じつは士業と副業は相性が良くないのです。

士業は労働局や年金事務所などの行政機関に足を運ぶことが多いのですが、一般的に行政の窓口は平日の8時半〜17時15分といった時間しか開いていません。

また、クライアントである中小企業の経営者はメールよりも電話でのやりとりを好む傾向があり、時間を問わず対応することが求められます。

つまり平日の昼間に連絡や対応が必要となることが多く、本業の終業後や土日に行う一般的な副業スタイルで士業としての仕事を行うことは難しいのです。

事務所の下請けとして給料計算や許認可の書類作成を請け負う場合でも、平日の昼間に連絡や対応ができないとなると断られてしまいます。

詳しくは第5章でお伝えしますが、社会保険労務士の資格を活かして副業するなら、働き方改革やハラスメントなどに関連するテーマを寄稿するライターなど、限定的な働き方がよいでしょう。

では一定の収入を確保しつつ、独立を目指すにはどうすればよいのでしょうか？おすすめしたいのは、派遣社員として登録することです。

雇用の不安定さから、派遣社員という働き方にはあまり良いイメージを持たない人が多いと思いますが、待遇の面ではそれほど悪いものでもありません。なぜなら、企業は派遣社員の雇用保険や社会保険の加入、残業代の未払いなどについて行政から厳しく監視されているからです。担当する仕事内容も契約で限定されており、なし崩し的に業務が増え残業ばかりの日々になることもありません。

やりがいはあまり感じられないかもしれませんが、独立の準備が整うまでの収入を確保するためと割り切ればよいのです。

独立して軌道に乗るまで安定した収入を得ながら働くには、アルバイトをしながらよりも、平日や休日の限定的な時間で派遣社員として働きながら顧客探しをするほうがよいでしょう。

50歳を過ぎると派遣社員の採用もハードルが高くなりますが、平日の夜や土日に働けることをアピールすれば採用される可能性は十分あります。

# 地味な資格で「転職」を目指す

次に、「地味な資格」で転職を目指すパターンについてです。

転職においては、資格を持っていることは有利となります。一般的に40代以上の転職で上手くいくのは、十分な実務経験があり、かつ5年以上の管理職経験がある場合にかぎられます。万年平社員や係長には厳しい現実が待ち構えています。

ただし資格を持っていると、そうともかぎりません。資格があったため、通常であれば書類選考ではねられるところ、面接までたどり着けることはあります。面接までたどり着ければ、担当者との相性や会社の採用状況によっては採用してもらえる可能性は多いにあります。

実際に私も、50歳目前で経験がないにもかかわらず、保険会社の営業職に転職できました。採用の条件は45歳までとしていたそうですが、社会保険労務士の資格を持っていたことで採用してもらえたのです。

他にも宅建士の資格を持っていれば不動産会社に、施工管理技士の資格を持っていれば施工管理の会社に転職できる可能性はあります。

いずれも楽な仕事ではありませんが、人生挽回のための転機になる可能性はあります。お金を貯める、経験を積むなどの目的を持てば悪い選択でもありません。

私は保険会社の営業は2年で辞めてしまいましたが、そのときの経験はお客様との商談でいまでも役立っています。


また、管理職の経験がある人は、資格を活かした転職によって年収アップをねらうことも十分可能です。

転職先としておすすめしたいのが中小企業、外資系企業、スタートアップ、ベンチャー企業などです。これらの企業は明確な賃金体系がないため、面接での交渉次第で年収が100〜200万円くらい変わることがあります。

中高年の転職は待遇面で妥協しがちですが、資格があればある程度強気で交渉してもよいでしょう(もちろん、法外な要求はいけませんが)。

また、転職で資格を活かすには、実務経験や管理職経験などと掛け合わせて、転職先企業にメリットをもたらす希少性のある人材であることをアピールしましょう。

たとえば、総務経験者が社会保険労務士の資格を活かしてベンチャー企業に応募するのなら、次のようなアピールが有効でしょう。

「私は20年間にわたり派遣社員やパート社員の管理に携わり、能力や年齢、考え方や国籍も異なる人を束ね生産性を上げることに試行錯誤してきました。この経験と、社会保険労務士の資格と法律知識を活かして、御社がコンプライアンスを遵守しながらスピード感と柔軟性を高められるよう尽力したいと考えています」

管理部門で働く人は全国に何万人もいます。これだけでは、転職市場で高い評価は得られないでしょう。しかしそのなかで社会保険労務士の資格や法律知識も持っている人となると、数千人程度かもしれません。

このように、自身の実務経験に資格を掛け合わせることで、数千人、数百人に一人の人材になることができ、キャリア選択の幅も広がるのです。

# じつは冴えないおじさんほど資格は取りやすい

いろいろと厳しい現実を書きつらねましたが、安心してください。地味な資格を取って仕事としていくうえでは、じつは冴えないおじさんほど有利なのです。その理由はふたつあります。

ひとつめの理由は、「勉強時間を確保しやすい」からです。

部下のいる管理職の人たちは、チームの先頭に立って仕事をこなしながら、部下の管理やサポートもしなければなりません。勤務時間外にリーダー会議に呼び出されたり、部下の相談に乗ったりすることもあるでしょう。その状況では、よほど強い意志をもたないと資格試験のための勉強時間は捻出できません。管理職の人が一定レベル以上の資格試験に挑戦するのは至難のわざなのです。

一方で、出世できなかった人には部下がいません。主任や係長でも部下は少数です。自分のペースで仕事を進めることができ、勉強時間を確保しやすいのです。

ふたつめの理由は、冴えないおじさんは、「冴えない社員」の気持ちが分かるからです。

士業のメイン顧客は、中小企業や零細企業の経営者です。これらの企業には、仕事に対するモチベーションが高く、何も言わなくても始業の15分前に出社したり、自腹を切って自己啓発にいそしんだりするような社員はあまりいないでしょう。始業時間ギリギリで出社すればよいほうで、遅刻が多い、会社が費用を援助しても研修に参加しないといった社員のほうが多いのです。

つまりお付き合いする経営者の多くが、「社員がやる気になってくれなくて困る」という悩みを抱えているのです。大企業で順風満帆に出世してきた人では、こういった経営者の気持ちを理解して寄り添うことは難しいでしょう。

会社員時代に活躍できなかった人のほうが、過去の自分に近い人のマインドが分かるため、社長の良き相談相手になれる可能性が高いのです。

第2章

# 知っておきたい、資格のリアル

地味な資格を「選択」する

# いちばんいいのは「独立できる資格」

「地味な資格」、つまり法人に必要とされる資格を取ることをおすすめしましたが、法人相手ならどんな資格でもいいわけではありません。

第2章では、実際に資格を取得した人から得た情報も交えて、おすすめの資格を紹介します。

まず、取得をおすすめしたい資格は大きく分けると2種類あります。

社会保険労務士や行政書士のように「独立開業できる資格」と、宅建士や施工管理技士のように「業務において有資格者が必須となる資格」です。

「独立開業できる資格」とは、つまり士業として独立できる資格のことです。

最近は「ネットでなんでも簡単に情報を調べられるいま、士業は不要になる」という声をよく聞きます。他にも「士業で独立するのなら税理士や司法書士試験以上の難易度の資格を取らないと意味がない」「社会保険労務士や行政書士の資格では食べていけない」などの声も。しかし、私はどれも真実ではないと考えています。

たしかに、ネットで簡単に情報を得られる時代にはなりましたが、情報を的確に理解できるかどうかは、また別の問題です。実際、新型コロナウイルスにおける雇用対策の助成金も、行政のホームページを見ただけでは理解できないと悩む経営者が多くいました。

くわえて、情報が多すぎて取捨選択できない状況にもなっています。ユーチューバーやインフルエンサーが注目されているのも、「情報の海から有益な情報を選び、分かりやすく伝えてくれる」という魅力があるためです。

この「翻訳」と「編集」という役割においては、今後も士業が担える部分は十分にあるでしょう。

難関資格でないと食べていけないという指摘も疑問です。

たとえば、司法書士試験と社会保険労務士試験では、その難易度にはだいぶ差があります。合格に必要な勉強時間も、司法書士試験で3000時間、社会保険労務士試験で1000時間といわれ、大きく異なります。

それに対して、収入の面ではどうでしょうか。

厚生労働省が発行している「職業安定業務統計」の最新(令和2年度)の数字によれば、経験5年目の司法書士の平均時給は1936円です。

これに対して経験5年目の社会保険労務士の平均時給は1747円と、たしかに少し下がりますが、試験の難易度ほどの差はないともいえるでしょう。

開業している社会保険労務士に対して社労士会が2016年に行ったアンケートによれば、13・5%の人が年収1000万円以上の収入を得ていました。

今回の新型コロナウイルス感染流行により、企業は従業員を抱える人件費のリスクに敏感になっています。

リストラが進むとともに、外部の専門家に業務をアウトソーシングする動きは加

独立できる資格の一覧

| 資格名 | おすすめの理由 |
|---|---|
| 社会保険労務士 | 社会保険労務士法に基づく国家資格。企業と顧問契約を結ぶことにより、定期収入を得られる。コロナ騒動で動きが止まってはいるが、働き方改革や外国人労働者など企業が抱える問題の相談役として期待が高まっている。 |
| 行政書士 | 行政書士法に基づく国家資格。役所に対して行うあらゆる手続きの専門家。許認可の代行や、外国人労働者の在留資格取得や相続の相談などの需要も高まっている。年齢、学歴、職歴、国籍関係なく、誰でも受験できるのも魅力的。 |
| 土地家屋調査士 | 土地家屋調査士法に基づく国家資格。野外で仕事をするため人気が低く、競争率が低い。資格取得者の高齢化が進み人材不足のため、50代でも体力があればおすすめ。 |

速化すると予想されます。

いままでは資格や知識を持った人が必要になると、有資格者を中途採用していましたが、今後はフリーランスを必要なときだけ活用する流れになってくるでしょう。

したがって、士業として開業している人は仕事の機会が増えるのです。

# 転職に有利な「業務において必要となる資格」

いくつかの業務においては、特定の資格を持った人を一定数雇用することが法律で義務付けられています。これらの「業務に必要となる資格」を取得すれば、転職においてはかなり有利になります。

たとえば不動産業界では、従業員の5人に1人以上の割合で宅地建物取引士（宅建士）を置くことが法律で義務付けられています。なかでも中小の不動産業者は、つねに宅建士を必要としています。不動産の売買が今後なくなるとは考えられず、長く必要とされ続ける資格といえるでしょう。

施工管理技士は、建設工事の工程、品質、安全、原価について管理する責務を担っています。建設業者が遵守すべきもっとも基本となる法律「建設業法」によって配置要件が定められ、建設業者は主任技術者、専任技術者、監理技術者など、異なる責務をもつこれらの技術者を適切な場所に配置する必要があります。

そのなかでももっとも基本的な職位は「主任技術者」です。主任技術者はすべての建設現場に配置が必須となっており、施工管理技士の資格保持者であれば2級、1級にかかわらず主任技術者になれます。

今後は人口が減っていくため、不動産取引や建設工事の需要は下がるのではないかと危惧する人もいるでしょう。

たしかに個人向けの需要は減るかもしれませんが、新型コロナウイルス感染症の影響で都内から郊外にオフィスを移転する動きもあり、法人における不動産関連の取引はあまり減少しないと見込まれます。

今後も東京・大阪など大都市における大規模な再開発計画が予定されており、建設業の人手不足や施工管理技士の需要が変わることはないでしょう。

大型免許の資格なども転職に有利ですが、運転と体力に自信がない人にはおすすめできません。判断をひとつ誤れば人の命を奪いかねないため、反射神経が落ちた50代から挑戦するのは避けたほうがよいでしょう。

また、資格とは関係ないですが、現代で注目されているプログラミングスキルについてははどうでしょうか。フリーのプログラマーなどで50歳を過ぎても月収100万円以上を稼いでいる人もいます。

しかしその世代で稼いでいる人は、若いうちからその仕事に就いている人です。プログラミングは適正が要求され、できる人とできない人の差が激しいため、40代から勉強を始めて追いつくのは現実的ではありません。

他にも、ウィスキー検定、日本酒検定といった趣味に関連した資格もありますが、取得しても効果が薄く、あまりおすすめはしません。

豊かな趣味や教養は老後の人生を充実させてくれますが、いまはまだその時期ではありません。生きるために必要な手段を手に入れることを優先しましょう。

## 業務において有資格者が必要となる資格の一覧

| 資格名 | おすすめの理由 |
|---|---|
| 宅地建物取引士 | 宅地建物取引業法に基づく国家資格。不動産業界では、従業員の5人に1人以上の割合で宅地建物取引士（宅建士）を置くことが、法律で義務づけられている。見つからなかったら最悪の場合、事業を廃止しなければならない。 |
| 施工管理技士 | 建設業法第27条に基づく国家試験。建設業には「施工管理技士」と呼ばれる資格が6種類ある。すべて1級と2級に別れていて、資格の有無でできる仕事とできない仕事が存在する。 |
| 介護福祉士 | 社会福祉士及び介護福祉士法に基づく国家資格。賃金が高くない介護業界だが、この資格を取得すると昇給が見込める。 |
| 社会福祉士 | 社会福祉士及び介護福祉士法に基づく国家資格。福祉系の大学を卒業していない場合は、介護現場での経験がないと受験できない。高齢化に向けてニーズは確実にある。 |
| 医薬品登録販売者 | 医薬品、医療機器等の品質、有効性及び安全性の確保等に関する法律に基づく、都道府県が試験を行う国家資格。薬剤師が不在でも一般用医薬品販売ができる専門家として、薬局やドラッグストアからも注目されている。働きやすさから、女性にはおすすめ。 |
| 衛生管理者 | 労働者の健康障害や労働災害を防止するために、労働安全衛生法で定められた国家資格。社員数50名以上の会社では必要とされる。社内での昇進・昇格にもつながる。 |
| 危険物取扱者 | 消防法に基づく危険物を取り扱ったり、その取扱いに立ち会うために必要となる日本の国家資格。危険物を扱うところでは必須の資格なので日本全国で安定的に需要はある。転職には有効。 |
| 情報セキュリティマネジメント試験 | 情報処理の促進に関する法律第29条第1項の規定に基づく国家試験のひとつ。中年にとってIT関係の資格の取得は難易度が高いが、この資格なら取れる可能性がある。テレワークの実施にあたって情報管理を課題とする中小企業が増えているので、転職の武器になる。 |
| 電気工事士 | 電気工事士法に基づく国家資格。電気工事の作業に従事するために必要な、電気工作物の工事に関する専門的な知識と技能を有する者に与えられる。転職に有利。 |
| ボイラー技士 | 労働安全衛生法に基づく国家資格のひとつ。メンテナンス業をはじめとして様々な業界で需要のある資格。受験に際して、実務経験が必要だが講習を受けることにより代用できる。 |

# 地味な資格は努力のコスパがいい

「地味な資格は働きながら取得できる」とお伝えしましたが、紹介した試験の難易度について気になる人は多いと思います。

資格試験の難易度を偏差値で示しているウェブサイトもありますが、偏差値は同じ試験問題でないと正確に測れないため、あまりに参考にはならないでしょう。

他にも、取得までに必要な学習時間を目安にして難易度をつける考え方もあります。社会保険労務士試験で1000時間、行政書士で700時間、宅建で400時間などといわれますが、試験に関連する実務経験の有無によって変わってきますので、これも参考程度に留めておいたほうがよいでしょう。

明確なのは、社会保険労務士、行政書士、土地家屋調査士などの士業についてはどれもそれなりに難しいということです。

転職で有利になるのは簿記で2級、TOEICで700点からといわれますが、士業はそのどちらよりも難しいでしょう。

実際私も、社会保険労務士試験を受験する前にTOEICを受験しています。大学を卒業して以来、英語を勉強していなかったためほぼゼロからのスタートで、700点を超えるまでに一年以上の期間を要しました。

しかし、その後に挑んだ社会保険労務士試験は、合格までにTOEICの3倍ほどの時間を費やしました。簿記1級またはTOEIC850点ほどの難易度はあると考えてよいかもしれません。

ただし、士業の資格は努力に対してリターンが大きい「コスパ」のいい資格です。仮に簿記1級またはTOEIC850点以上を取得できても、独立や収入アップにつなげるのは厳しいでしょう。

簿記の場合は、公認会計士や税理士といった上位の資格を持った人が多数います。英語の場合も同様で、帰国子女や海外での実務経験者などTOEIC850点以上の実力を持った人は多数いるのです。

英語や会計の分野は中途採用の求人数は多いですが、人気が高いぶん実力者も多いため、資格だけで勝ち抜いていくのは難しいでしょう。

それに対して士業の資格の場合は、努力次第で年収1000万円に達することもできます。対応範囲が広いため、ニッチなブルーオーシャン分野を開拓できる可能性も高く、より大きなリターンが見込めるのです。

さらに、なかには難易度もそれほど高くないお得な資格もあります。先ほど紹介した「宅建士」の難易度は、簿記2級またはTOEIC700点ほどといわれています。

また、50代のおじさんが取得するなら、簿記よりも宅建のほうが有効です。簿記の資格は経理業務において重宝されますが、必ずしも簿記を持っていないと経理の仕事ができないわけではないため、選ばれる理由としては弱いのです。

そのため、経理の求人に資格を持たない若い人と、簿記2級を持つおじさんが応募してきたら、人件費の低い若い人のほうが採用されるでしょう。

「地味な資格」とその他の資格の比較

| 資格 | 難易度 | 学習必要時間 | 取得後のライバル |
|---|---|---|---|
| 社会保険労務士 | 難しい | 約1000時間 | 少ない |
| 行政書士 | 難しい | 約700時間 | 少ない |
| 宅建士 | まだ易しい | 約400時間 | 少ない |
| 簿記(1級) | 難しい | 約1000時間 | 多い |
| TOEIC(700点) | まだ易しい | 約300時間 | 多い |
| TOEIC(850点) | 難しい | 約1000時間 | 多い |

これに対して宅建は、資格を持っている人の雇用が必要なので、タイミングがよければおじさんでも採用してもらえます。先ほどお伝えしたように、「その資格を持っていないとできない業務がある資格」は強いのです。

学習時間や難易度は少し高いですが、取得後に仕事につながりやすく、努力するだけの価値は十分にあるといえます。

# 地味な資格「社会保険労務士」の仕事

ここからは、個々の資格について紹介します。

まずは私も持っている社会保険労務士について。社会保険労務士は、おもに企業に代わって雇用保険、健康保険、厚生年金保険といった各種社会保険に関する書類の作成や手続きを行います。また就業規則の作成や助成金の代行申請なども担当します。

業務の詳細は別の書籍などを参考にしていただくとして、ここでは独立を前提とした場合の、資格の魅力と、現状の課題と解決策についてお伝えします。

## 最大の魅力は、顧問契約

社会保険労務士の最大の魅力は、顧問契約が結べることです。

法人企業と月々の顧問契約を結べば、短期のスポット契約とは異なり毎月決まった金額が振り込まれるため、安定収入を望めます。

たとえば月額4万円で3社との顧問契約がある場合、1ヵ月12万円×12ヵ月で144万円の売上となります。翌年、それぞれの顧問先企業が新しい企業を1社ずつ紹介してくれたら、契約企業は6社となり、売上は1ヵ月24万円×12ヵ月で288万円に。新たに増えた3社がまたそれぞれ新しい会社を紹介してくれたら、契約企業は合計9社となり、1ヵ月36万円×12ヵ月で432万円の売上となります。これにプラスして就業規則作成や助成金などの臨時収入もあれば、売上500万円を超えることになります。

「そんなにうまく紹介がでるものか」と思われる方もいるでしょう。詳しくは後ほどご説明しますが、中小企業経営者は横のつながりが強く、しっかり仕事をしていれば、予想以上に紹介はでます。

士業の場合は、この売上から経費を引いた額が年収になります。もちろん交通費や通信費などの経費は発生しますが、自宅を事務所とすれば節約もできます。

契約企業が少ないうちは貯金を切り崩す生活になるかもしれませんが、着実に収入を増やしていけるため、数年で年収500万円を超えることは十分可能です。営業をガンガンかけて数年で年収1000万円に到達する人もいますが、おじさんは自分に合った妥当なペースで稼いでいくのがよいでしょう。

## 実務経験がなくてもやっていける

社会保険労務士の資格を取っても、総務や人事部、または経理などでの実務経験がないと意味がないという意見もありますが、これは気にしなくてよいでしょう。たしかに各種保険の手続きや採用などを担当していた経験は有利になりますが、手続きの手順や内容は法律的に変わることもあります。その会社内でしか通用しないルールもあるため、必ずしも経験が有利になるわけではありません。

有利になる実務経験があるとすれば、金融機関で営業をしていた人や税理士事務所に勤務していた人でしょう。

といってもメガバンクではなく、生命保険の営業や信用金庫の営業担当者です。自然とお金のことについて強くなるため、社会保険労務士のおもな顧客である中小企業や零細企業の社長が抱えるお金の悩みについて相談にのることができ、頼りにされやすいのです。

また、介護業界や派遣業など、人手不足の業界出身の方も多く活躍しています。介護保険法や派遣法は頻繁に改正されるうえ、人材を定着させるための制度改正が行われたり、許認可の要件や更新手続きのハードルが高くなってきたりしています。

つまり、手続きなどの代行業務が増えているのです。他にも建設や運輸、外食、SES（客先常駐IT技術者）などの業界も、長時間労働や労災、人材不足など解決すべき問題が山積みです。

これらの業界出身の人が社会保険労務士の資格を取れば、現場のことを把握しているため、多数の顧問先を獲得できる可能性があります。

## 中小企業の減少に対応するふたつの方法

働き方改革への対応で追い風が吹いている社会保険労務士ですが、懸念材料もあります。それは廃業する中小企業の増加です。

新型コロナウイルス感染症による業績悪化もありますが、最大の理由は後継者不足です。2025年までに約245万人の中小企業・小規模事業者の経営者が70歳（平均引退年齢）を越えるといわれ、うち約半数の127万社（日本企業全体の1／3）が後継者未定となっています。

中小企業経営者の子供たちの多くは、「忙しいだけで安定しない」という理由で家業を継ぎません。私は顧問先企業の財務諸表を拝見させてもらうこともありますが、利益をだしている企業や経営者がそれなりの報酬をもらっている企業であっても、後継者がいなくて困っていることは意外とあります。

会社を継ぐことが悪い話ではなかったとしても、多大な責任を負う苦労をしたくないという人が増えたのでしょう。

メインとする顧客が減ってしまうため、中小企業の廃業は社会保険労務士にとっては大問題ですが、次のふたつの対応策により回避できると考えています。

ひとつはスタートアップやベンチャー企業をクライアントにしていくことです。

家業を継がない若い人が増える一方、起業を目指す若い人も増えてきています。以前は、ベンチャー企業というと労働基準法などは無視して昼夜問わず働き続けるのが当たり前でしたが、最近では意識が変わり、ある程度安定した段階でしっかりとした労働環境を整備しようとする経営者が増えています。

株式を上場する際は労働法を順守しているか確認されるということもあり、社会保険労務士の需要が伸びています。実際、私も渋谷や原宿などにオフィスを構える若い経営者から依頼を受けることが増えてきました。

もうひとつは、中小企業の事業譲渡やM＆Aに関与していくことです。

すでに取り組んでいる社会保険労務士は多いですが、弁護士や税理士の業務から漏れた単発案件を請け負っているにすぎません。

社会保険労務士が携われることには限度があるかもしれませんが、従業員の退職金の清算、各種保険の手続き、年金制度の移行など、企業とタッグを組み、縁の下から総合的にサポートできることは多数あります。

# 地味な資格「行政書士」の仕事

街の身近な法律家とよばれる行政書士の仕事は、行政関連の手続き業務（許認可や入管関係等）、事業支援（資金調査、契約書等）、市民法務（相続）と多岐にわたります。そのなかでもとくに需要があるのが許認可の代行業務です。

建設、飲食店、風俗店、クリニックなど様々な業種が営業を始める際、行政の窓口に書類を提出して許可をとる必要があります。

書類をただ揃えるだけではなく、書き方のお作法があるうえ、実地調査も入るため、一般の人が自力で行うと時間と労力がかかります。

実地調査が入る段階というのは内装も完成しているため、そこで不備を指摘されたりするとやり直しの費用が発生しますし、開業が遅れることで多大な損害が発生するおそれもあります。

そこで、手続きを円滑にするために専門家に依頼する人が多いのです。

しかし、需要が見込める反面、仕事が単発で終わってしまう傾向もあります。給料計算や社員の入退社手続きといった顕在化した業務が見えないため、社会保険労務士と比べて顧問契約をとりにくいようです。

そこで、実態はどうなのか、行政書士法人の代表として活躍している、大学の同窓生のAさんに話しをうかがいました。

すると、そんな風評とは裏腹に、とても安定した実態が見えました。

Aさんは元々、司法試験を目指していましたが、方向転換して行政書士になりました。現在では副都心の高層ビルの中に事務所を構え、弁護士の平均年収を大幅に上回る年収を得ているそうです。

この秘訣は、複数企業から顧問契約をいただいていることです。しかも大企業が半数以上を占めていて、一般的な価格より高めの顧問料をもらえています。

## パッケージ化した支援で顧問契約を獲得

許認可業務の代行後も、契約書の作成、必要となる責任者の配置、更新の準備など、クライアントが対応しなければならない業務は多々あります。

Aさんはそれら業務を個別に請け負うのではなく、「許認可管理」というパッケージにして業務を請け負うことで、高単価での顧問契約を実現しています。ときには責任者を選出するためのアドバイスなどをすることもあるそうです。

ただ、大企業であれば自前で対応できるようにも思えます。そこで本当に需要があるのか追及したところ、「大企業のサラリーマンは、失敗したくない、責任を負いたくないという考えが根強くあります。何かあった場合は私が責任を被ると伝えると、少々金額が高くても依頼してくれるのです」という答えが返ってきました。

私が所属する事務所にも、同一労働同一賃金の対応が求められるようになった昨年から、顧問契約を希望する大企業の依頼が急増しました。

同一労働同一賃金への対応は強制ではないのですが、理由もなく拒否すれば、非正規社員からの反感をかってしまいます。とはいえ、社員の賃金制度の変更は経営にも影響を与えることなので、専門家に相談したうえで対応は見送ったと言うために、相談が増えているのでしょう。ルールは分かっていても責任は軽減したいという、経営者の気持ちが見て取れます。

許認可以外にも、外国人の雇用という分野で顧問契約を増やしている行政書士もいるとのことでした。最近でこそ伸び悩んでいるものの、長期の仕事を目的として来日する外国人は増えています。こうした人達への支援は、就業ビザをとって終わりというものではありません。日本語教育や住居の斡旋など、様々な面でサポートしていく必要があり、そのノウハウを外部に求める企業は多いのです。

## 実務スキルの差が年収の差

弁護士をも上回る金額を稼げる行政書士の仕事ですが、誰もがAさんのように稼いでいるわけではなく、年収300万円以下の人も多数いるようです。

そこで、年収に差が出る理由についてもAさんに伺ったところ、「行政書士は実務自体が難しい」という答えでした。

行政書士の試験自体は、司法試験はもとより、司法書士試験よりも少ない勉強時間で突破できるでしょう。

しかし、実務で担当する仕事は決して簡単ではないのです。許認可業務もただ書類を揃えれば済むという定型業務ではありません。様々な要件を確認したうえで、行政の担当者と協議できるコミュニケーション能力も求められます。

そのため、資格を取っても実務を安定してこなしていけない人もいるのです。

行政書士の仕事は幅広いので、相続など他士業と競合する分野に手を出す人もいますが、収入を安定させるには、まずは許認可などの行政書士にしかできない仕事を確実にこなせるようにすることが大切だと、Aさんは明言していました。

## 試験突破の秘訣は「行政法と民法」

行政書士試験の合格率は、直近の令和元年度で11・5%。司法書士試験よりは簡単とはいえ、合格するのは容易ではありません。

しかも合格者の大半は、司法試験や司法書士試験といった上位資格を目指していて腕試しで行政書士も受けたという人が占めています。
行政書士を第一志望としている人ですらなかなか合格できない、厳しい試験です。

法律資格や公務員試験専門の受験指導予備校「伊藤塾」で行政書士試験の講師を務める志水晋介先生によれば、合格のポイントは行政法と民法。

全300点中、行政法が104点、民法が76点と配点割合が高く、この2科目をしっかり仕上げれば合格がねらえるようです。

とくに民法は法律の初学者にとっては量が多く、得点しづらい科目です。初学者がマスターするためには、まずは全体像の把握に努めます。そして、売主A、買主B、第三者Cなど、それぞれの登場人物の立場に立って考えてみましょう。

全体を把握するためには、第3章で紹介する「目次をコピーして持ち歩く」勉強法を試してみてください。

なお行政書士試験は、宅建試験など他の法律系の資格試験と重複している科目があるため、必要な勉強時間は人によって差があります。それでも、700時間前後の勉強時間を見積もっておくのが無難と、志水先生はおっしゃっていました。

# 地味な資格「土地家屋調査士」の仕事

土地家屋調査士は、不動産を登記する際に必要な、土地や家屋の測量、調査、図面作成、申請手続きなどを行う専門家です。

測量や調査といった同様の業務を行う測量士という専門職がありますが、登記は行えません。不動産登記業務の「表示に関する登記」は、土地家屋調査士の独占業務なのです。

表題登記とは、まだ登記されていない建物や土地について行うものです。新築の建物には登記記録がないため、完成時にどのような建物になるか、所有者が誰であるかなどを登記します。

具体的には、建物の所在、地番、家屋番号、種類、構造、床面積、所有者の住所、氏名などです。土地の表題登記は、海や河川を埋め立てて新たに土地ができた場合などに行います。

不動産の表示に関する登記は、所有者にその申請義務が課せられています。しかしその手続きは複雑で、一般の人が自力で完了するのは難しいものがあります。そこで土地家屋調査士が、依頼人の求めに応じて、不動産の表示に関する登記の申請手続を代理で行っているのです。

## 「登記」の需要はなくならない

それでは、仕事のニーズはあるのでしょうか？

土地家屋調査士として都内で事務所を営んでいるBさんにお話を伺いました。お聞きしたところ、登記は必須であるため仕事は多く、実際に、独立1年目にして1000万円の売上を達成したそうです。

Bさんによれば、依頼がくる主なルートは次の4つ。

①不動産業者（仲介業者など）

②建築業者（工務店・ハウスメーカー・ゼネコン・ディベロッパーなど）

③士業（司法書士・税理士又は会計士・弁護士・行政書士・建築士、同業者などの紹介）

④その他（公共嘱託登記土地家屋調査士協会・ネット等での直接集客）

顧客を増やすためには、他の士業同様に、人脈を広げるのが大切です。支部活動や青調会（主に開業したての方による組織）、公共嘱託登記土地家屋調査士協会（役所関係の案件のための組織）などに加入すると、仕事を回してもらえる可能性があるということでした。

## 専門道具を使う技術の習得が壁

確実な需要が見込まれる土地家屋調査士の仕事ですが、実務では他の士業にはないハードルがあります。

真夏や真冬に野外での測量を行う肉体的な過酷さもありますが、それに加え、道具を使いこなす必要があることです。

測量機器やＣＡＤソフトなどの専門道具を使えるようにしなければなりません。

また、それらの道具を積み込み、公共交通機関の便が悪い場所に足を運ぶこともあるため、車も必須となります。


したがってＢさんによれば、測量などの実務の未経験者がいきなり独立開業するのは難しいとのことでした。

まずはどこかの土地家屋調査士事務所に所属するか、同業者の土地家屋調査士の手伝いをしながら、実務を覚えていく必要があるでしょう。

## 試験突破のためにはスクール利用がおすすめ

土地家屋調査士試験は、毎年10月の筆記試験と、翌年1月の口述試験の2段階で行われます。

毎年の最終合格率はおおむね8～9％の間で推移しており、令和1年度の合格率は9・7％でした。

合格に必要な学習時間は1000時間といわれており、容易に突破できる試験ではありません。

試験では、不動産登記法、民法、土地家屋調査士法などの法律に加え、書式（問題文を読んで電卓等で計算して作図をする）の問題や、数学的な知識を要求される問題も出題されます。

純粋な文系の知識だけで解ける試験ではありません。

前述のBさんは、「書式の問題は量が多く回答スピードが求められるため、苦手とする受験生が多い。スクールが実施する答案練習会への参加が必須」と明言されていました。独学で臨むのは相当ハードルが高いといえるでしょう。

とはいえ、受験資格に学歴や実務経験などは求められません。誰でも受験することができます。

また、合格者の平均年齢は40・4歳（平成30年度の試験結果）です。40代以上の人が働きながら挑戦しても、十分に合格できる試験です。

試験の難しさだけを見てあきらめるのは早計です。

土地家屋調査士は、たしかに難易度が高い資格ではあります。それは裏返せば、参入障壁が高い資格であるともいえます。そのため一度、実務能力を身につけてしまえば、確実に食べていけるでしょう。その点を考えると、お金と時間をかけたとしても、挑戦する価値のある資格だといえます。

# 「お金を払えば取れる資格」に注意

ここまで、取得をおすすめしたい「地味な資格」について紹介してきました。では反対に、人生挽回をねらううえで、取得をおすすめしない資格にはどのようなものがあるか、こちらもお伝えしておきましょう。

まずは、お金を払えば取れる資格です。つまり、セミナーなどを受講するだけで誰でも簡単に取れる資格のことです。セミナーは参加費が10万円以上などと高額なことが多く、試験の主催者団体がその受講料で稼ぐ仕組みになっています。俗にいう資格商法のひとつともいえます。

本来、資格は国の法律に基づいて存在します。医師、弁護士、宅建士、自動車運転免許などはすべて、該当する法律が国会で制定されています。

それら国家資格と比べ、誰でも自由に作れる資格は価値が低いといえます。

もちろん、すべての民間資格がダメというわけではありませんが、受験するのに10万円以上の費用がかかったり、80%以上の人が合格できたりする資格は、そのぶん取得者も多く、取得しても独立や転職には役立たないでしょう。

お金を払えば資格が手に入るという意味では、社会人大学院もそのひとつといえるかもしれません（論文などの審査があり卒業のハードルが高い学校も多く、まったく異なるものだという反論もあるかもしれませんが）。

社会人大学院は体系的な知識を身につけられたり、人脈が広がりビジネスに役立ったりと、社会人の学び直しの選択肢として有力視されています。

ただしそこで高い効果を得られるのは、社内昇進に必須である場合などを除くと、議員や経営者、管理職などすでに一定の成功を収めている人だけでしょう。これらの経歴を持つ人は、修士の肩書を取得することで、大学の講師などに採用されやすくなるのです。

大学で教えている実績は本業の宣伝になりますし、議員などはこういった経歴が売りのひとつにもなります。あるいは、コンサルタントやセミナー講師としてデビューする際にも箔がつきます。

まだまだ「先生」と呼ばれる人を選ぶ際には、経歴で判断する人は多いのです。

しかしいままでうだつが上がらなかったおじさんがいまさら社会人大学院に通っても、大学の講師になれる可能性は極めて低く、コンサルタントやセミナー講師になることも難しいでしょう。

大学院を卒業するために多額の費用と多くの時間をかけるよりも、実用的な資格を取ることをおすすめします。

# 「独占業務のない資格」に注意

旬の話題に関連した名称がついていて、一見すると非常に役立つような資格のなかにも、人生挽回までは目指せないものがあります。

一例を挙げると「相続診断士」。「士」とついていますが、士業ではありません。たしかに、相続に関するトラブルは増えています。相続でもめて親族間の関係が険悪になった人もいるかもしれません。こうしたことから、相続に関する資格であれば需要があると期待する人も多いでしょう。

しかし残念ながら、相続診断士を取ってもその資格で転職や独立を目指すのは難しいかもしれません。なぜなら、相続税の申告は税理士、不動産の登記は司法書士、親族間の争いになれば弁護士というように、相続で行うべき案件はそれぞれの専門家に割り振られているからです。

相続診断士の資格を活かせるのは、生命保険の営業担当者などでしょう。

日本は生命保険の加入率が高いため、「生命保険の加入を検討しませんか？」と声をかけても誰も話を聞いてくれません。そこで生命保険会社は、相続の無料相談会などを開いて生命保険の重要性を伝えるのです。

現金を生命保険に換えておくと相続税が軽減される効果があり、それを「相続診断士」の資格を持っている社員が説明することで、説得力を高められます。

また国家資格であっても安心できない資格もあります。

たとえば「キャリアコンサルティング」。職業の選択や職業生活設計、または職業能力の開発および向上に関する相談に応じ、助言や指導を行うための資格です。

人生１００年時代では70歳まで働く必要があるといわれ、需要がありそうに思われます。国家資格であるという信用度もあり、昨今では人気があります。

しかし、いまひとつ安定性に欠ける面があります。キャリアの相談窓口を設立する企業は増えていますが、相談に乗る人は必ずしもキャリアコンサルタントの資格を持っている必要がないからです。人事部や総務部の人でも担当できるため、この資格を持っていても転職や独立に活かせることは少ないでしょう。

独占業務があることが重要

| 資格名 | 独占業務 |
| --- | --- |
| 社会保険労務士 | 労働社会保険諸法令にしたがって書類の作成、提出代行。健康保険や雇用保険、労災保険などへの加入・脱退手続き、厚生労働省関連の助成金の代行申請 |
| 行政書士 | 官公署に提出する書類および事実証明・権利義務に関する書類の作成代理 |
| 土地家屋調査士 | 不動産の表示に関する登記の申請 |
| 宅建士 | 不動産契約締結前の重要事項の説明 |

これらの資格に共通するのは、「独占業務」がないことです。

士業は「無資格者の実施が禁止されている業務を、その名称を用いて行うことが許される」といった特徴があります。その資格がないとできない業務があるため重宝されるのです。

そのため、独占業務のない資格では独立して生計を立てるのは厳しいのです。本職を持っている人がさらなる箔付けのために取得するには効果がありますが、この資格だけで独立して生計を立てられるのは、よほど人脈が豊富な人だけでしょう。

# 「セミナー業が中心の資格」に注意

みなさんは、「ライセンスビジネス」という言葉を聞いたことはありますか？講師が主催するセミナーなどを受け、修了免許が与えられると、今度は自分が教える側に回ることができる仕組みを取り入れたビジネスのことです。日本古来の武芸などでみられる家元制度の発想を、現代社会に応用した仕組みです。

セミナーのコースにはゴールド、シルバーなどいくつかの段階があり、上の段階になるほど受講料も高額になります。修了免許を得た人は「〇〇協会認定上級コーチ」といった肩書を得て、講師として活動します。

自身の知名度を上げたり憧れを集めたりするために、ＳＮＳでの情報発信に熱心に取り組み、セミナー風景や会食の写真などを頻繁に掲載して、充実した生活をアピールしているのが特徴です。

こうした写真を見て「自分もやってみれば世界が変わるかもしれない」と考え、セミナーを受ける人は多くいます。

たしかに、収入源が増えるという意味では、一定の利点もあるかもしれません。しかし、なかには新興宗教や重いノルマが課されるネットワークビジネス（いわゆるネズミ講）に近いものもあり、安易に参加することはおすすめしません。

先行して始めた人に利益が集中する仕組みであるため、後発で参加してもせっせとお布施を寄進する信者で終わってしまうことが多く、安定した収入を得るのは難しいかと思われます。

その資格に憧れる人の夢や熱意を食いものにしたり、相手の無知につけこんでお金を稼いだりという方法は、おすすめできることではありません。

資格は必要としている人や困っている人のために役立ててこそです。

みなさんも、顧客に対して十分な価値を提供し、その対価として報酬を得られる資格を選んでいただけたらと思います。

〈おじさん応援コラム〉

# 転職活動で平凡さは武器になる

雑誌やWEBで紹介される転職成功ストーリーでは、「30代で課長になった」「新規事業の立ち上げに成功した」など、華々しい経歴を持つ人が紹介されています。

資格を持っている人でも、そうした記事を見て不安になり、「係長ではなくマネージャーということにしよう」「部下の数を2名から5名にしておこう」など、経歴をちょっと盛ってしまいたいと考える人もいるでしょう。

でも、経歴や実績を盛るのはおすすめしません。経歴が立派すぎると警戒されたり、入社直後から難しい仕事を丸投げされたりしてボロがでてしまうこともあります。

おじさんはたとえ実績がなくても、「平凡」という理由で採用してもらえることもあります。真面目に勤務していたと伝われば「経験もあって使いやすい」と思ってもらえるのです。

それに、転職後に長く働けるかどうかも、能力や経歴は関係なかったりします。

私がいた印刷会社でも、有名企業にいた人が中途入社してくることがありましたが、大半の人が2年と持たずに去っていきました。

能力が足りなかったというよりは、周囲になじめなかった、仕事の進め方が納得いかなかったといって辞める人が多い印象でした。

転職先の中小企業で長く務めるためには、明文化されていない暗黙のルールを把握したり、オーナー社長の朝令暮改の仕事の進め方に慣れたりすることのほうが、実績よりも重要なのです。

つまり、転職において「平凡さ」が足を引っ張ることはないのです。

自信を持って、「平凡」なままの自分で挑みましょう。

# 第3章

# 合格に必要な、「継続力」を手に入れる

地味な資格に挑む「準備」をする

# 試験対策は「続ける」ことが9割

目指す資格が決まったところで、いよいよこれからは「資格の取得」に向けた勉強を開始していきます。

とはいえ、勉強と聞くと体が拒否反応を示す人は多いのではないでしょうか。その気持ちはよく分かります。

度々訪れる学校の定期試験に、数年かけて対策する大学受験。完璧に勉強したつもりでも、センスが必要な問題や教科書に載っていないような問題が出題されることもあり、苦労した人も多いでしょう。

私も、試験の結果が良くても担任の先生になぜか嫌われて、真面目にやっているのに5段階評価で3をつけられてしまい、勉強が嫌いになっていました。

でも、安心してください。資格試験の問題は、テキストをしっかりと理解すれば回答できるものが大半です。

とくに「地味な資格」は、司法試験や公認会計士試験とは違い、試験範囲をしっかり対策すれば合格できます。高校受験や大学受験で失敗し、試験というものに対して「苦手意識」を持っている人でも大丈夫です。

もちろん内申書のような主観的な要素もなく、試験で点数さえとれば合格できる、ある意味とても公平な世界です。

## 最大の壁は「続ける」こと

ただしそこには、「勉強を続けられれば」という前提があります。ダイエットと同じで、資格の勉強は「続ける」ことが最大の難関なのです。続けることが難しいのには、いくつかの理由があります。


まずは仕事との両立が難しいことです。

第1章で、管理職に就いていないおじさんは資格試験の勉強をしやすいとお伝えしました。とはいえこの不況の時代、毎日定時で帰れるほど暇な人は少ないでしょう。管理職からは外れているとはいえ、おじさん社員にもそれなりの仕事が割り振られているはずです。仕事はあなたの都合とは関係なく忙しくなることがあり、残業や休日出勤が続いたことで勉強へのモチベーションが途絶えてしまうことはよくあります。

次に、家庭で起きる様々な問題です。

40代後半から50代は、子供の受験にくわえ、学校や会社に行かなくなったり、家に引きこもってしまったり、奥さんとの仲が険悪になったり、親を介護しなければならなくなったりなど、予期せぬ問題が次々と起こる時期です。落ち着いて勉強できる時間は少なくなるでしょう。

十分に勉強できないまま試験に挑み惨敗すると、「今回は勉強できなかったからしょうがない。次、頑張ればいいか」と言い訳しがちですが、次回は仕事に余裕ができるとも、家庭の問題が起こらないとも、保証はできません。

落ち着いて勉強に専念できる時期など、働きながら勉強をするうえではいつまで待っても訪れないのです。

そしてもっとも大きな要因が、モチベーションの低下です。

何度か試験を受けているうちに、「いまさら資格を取ったところで役立つの？」「時間とお金の無駄だよ」「次もどうせダメなんじゃない？」「資格の勉強よりも投資の研究に時間を使ったほうが豊かな老後を過ごせるよ」といった声が、職場の同僚、友人、そして家族からも飛んできます。

資格を取っても意味がないと息巻く記事や広告を目にすることもあるでしょう。こうしてモチベーションが落ち、勉強をやめてしまう人は多数います。

ほぼ強制的に受ける必要のある高校受験や大学受験とは異なり、資格試験はモチベーションを維持して勉強時間を確保するのが難しいのです。

試験に合格できなかった人の大半は、問題が解けなかったというよりも、十分に勉強できなかったことが要因となっています。

## 数回ダメでもあきらめない

私は社労士試験に4回目の挑戦で合格しましたが、失敗するたびに、やり方を変えて、勉強を続けていきました。ここで、私の惨敗戦歴についてご紹介します。

まず初めての挑戦時ですが、これは単純に準備不足でした。そして1回目の挑戦で敗れた私は、試験のあとですぐに勉強を再開すればよかったのですが、仕事が忙しいことを理由に3ヵ月ほど勉強をやめてしまいました。

ダイエットと同じで、一度、勉強をやめてしまうと、再開するには大きなエネルギーを要します。せっかく身につけた勉強の習慣は崩れてしまい、その結果、またしても準備不足となり2回目の挑戦も惨敗。

しかも1回目とほとんど点数が変わらなかったため、試験に向いていないのではないかと悩み、撤退も真剣に考えました。ひとまず年金アドバイザーという試験に合格して、かろうじてモチベーションを立て直すことができました。

あきらめきれなかった私は再度、試験に挑みますが、直前になって新しい問題集に手をつけるなど、まだ学習方法が定まっていませんでした。基礎固めと反復演習が不足していたため本番で基本問題を落とし、またしても合格基準点は超えられず。

とはいえ、年間の学習時間が600時間を超えた3回目からは点数が上がり、

**社会保険労務士試験への挑戦と結果の歴史**

| 受験回数 | 状況 | 結果 |
|---|---|---|
| 1回目<br>(2010年) | 試験勉強を始めてから4ヵ月で受験。基本書を読むのと問題集を1回解いただけで挑んだ。学習時間は約200時間。 | 合格点には遠く及ばなかった。 |
| 2回目<br>(2011年) | 仕事が忙しくなったこともあり、1回目の試験挑戦後、すぐに勉強にとりかからなかった。年明けから勉強を再開するも、東日本大震災により勉強に身が入らず、試験は惨敗。学習時間は約550時間。 | 1回目の受験と変わらない点数にショックを受ける。 |
| 3回目<br>(2012年) | 年金アドバイザー試験に合格したことで自信をつけ、勉強再開。知識はついてきたが、まだしっかりとした勉強法を確立できていなかった。<br>学習時間は約650時間。 | 合格点にわずかに届かず。 |
| 4回目<br>(2013年) | 3回目の試験後、間隔を置かずに勉強再開。独学にくわえて、TACの通信講座も受講する。模擬試験の点数が上がらず焦ることもあったが、無事合格。学習時間は約750時間。 | 合格。 |

それまでの反省もふまえて挑んだ4回目の挑戦で、ついに合格できたのです。

次のページからは、私がこの4度の挑戦で学んだノウハウを紹介しています。

実践したからといって、必ず合格できるとはかぎりません。

たとえ一度や二度やってダメでも、自分の可能性を信じ、あきらめずに挑戦し続けることが大切です。

# 学習につまずかないための［10の心構え］

自発的に勉強を続ける強い意志を持っている人であれば問題ありませんが、そんな人はほとんどいないでしょう。私も、周りの人からのネガティブな意見に、何度も心が折れかけました。

つまり資格試験に合格するには、勉強法を知るだけでは不十分なのです。勉強に対する心構えや、勉強を続ける仕組み作り、誘惑に負けないメンタル強化など、しっかりと準備をする必要があります。

そこでまずは、学習を継続するための心構えについて紹介していきます。

## ①会社の人には「絶対に内緒」にする

業務命令で試験を受ける、あるいは（情報処理の会社や銀行のように）業務に関連する資格の取得を会社が奨励していて、資格手当が設けられているといった場合以外は、試験を受けることは口外しないほうがよいでしょう。とくにあなたが大企業ではなく中小企業で働いているのなら、なおさら言わないほうが無難です。

なぜなら会社、とくに直属の上司は、目の前の仕事に全力投球する社員を好むからです。資格試験の勉強をしていることを直属の上司に話すと、「佐藤さんは偉いな。50過ぎても勉強するなんて。頑張ってください」と、表面上は励まされるでしょう。しかし、内心はどう思っているか分かりません。

「本業の手を抜いている」ととられ、評価を下げられたり、対応の難しいクライアントを割り振られたり、最悪、リストラ（退職勧奨）候補者の一人になってしまうかもしれないのです。

私も以前、マラソン大会やキックボクシングの試合に出ていたことを会社の同僚に話してしまったことがあります。

「変わったことをする奴だな」とおもしろがられていましたが、ミスをした際、上司から「仕事以外に余計なことをしているからだ」とひどく怒られました。

運動をして体力をつけたりリフレッシュしたりすることは仕事にも役立つはずですが、夜遅くまで働いている人が評価される会社では関係ありませんでした。

こんなことが起きるのは、中小企業はギリギリの人数で業務を回していることが多いからです。経営的に余裕がなく、社員の定着率も悪いためつねに人員不足。頭数は足りていたとしても、一部は経営者の親族だったりと、戦力になる人が少ないこともあります。優秀な新人が次々と配属される大企業とは違うのです。

最近では社員のセカンドキャリア形成に取り組む企業が増えており、資格の取得などもそのひとつとして盛り込まれています。成果主義やワークライフバランスといった考え方も浸透し始めています。

とはいえ、仕事がすべてと考える昭和の体質はすぐにはなくならないでしょう。事実、新型コロナウイルス感染症により多くの企業がテレワークを実施しましたが、すぐに元の出勤体制に戻した企業も多いのです。

したがって、周りの人には資格試験に挑戦していることは言わずに、適度（あまりに忙しいと言うと怪しまれますので）に仕事が忙しいように振る舞っていたほうが無難です。ときには残業もこなし、有給もあまり消化せず、試験直前に使えるように温存しておくのがベストです。

## ②まずは試験に「体を慣らす」

専門的な職種を除くと、多くの人は社会人になると試験を受ける機会がなくなります。そのため、久しぶりに試験を受けることにとてつもない負担を感じ、試験は申し込んだものの、仕事が忙しいなどの理由をつけて受験を避けてしまう人が多いのです。

そんな人は、まずは「試験を受ける」という成功体験から始めましょう。

これから勉強を始める試験の、直近の申し込みが間に合うのであれば、勉強をしていなくてもとりあえず受験してみます。どんな問題が出されるか、最新の情報を知ることができるので、本番が予行演習となります。

川内優輝選手という、プロのマラソン選手がいます。彼は市民ランナー時代、地方公務員として勤務しながら大会に出場していました。実業団所属の選手のように十分な練習時間がとれない彼のトレーニング方法は、マラソン大会に出まくるというものでした。目標とする大会の前に開かれるマラソン大会を練習の場としていたのです。

試験勉強も、過去問を通してやるにはかなりの時間を要します。自宅でその時間をとることができないのであれば、とりあえず試験を受けてみるのは良い手段です。

ただし、結果は気にしないでください。

十分に勉強していない状態で試験を受けるため、当然不合格になりますし、悲惨な点数をとってしまうこともありえます。でも、「こんな点数だったら、勉強するだけ無駄だからやめてしまおう」とくじける必要はないのです。

とはいえ、ネガティブに考えやすく落ち込んでしまうおそれがある人は、まずは簡単な試験から受けて合格する喜びを味わうことから始めたほうがよいでしょう。

## ③試験は「いちばん下の級」から受ける

資格試験には3級、2級、1級など難易度別に分けられている試験もあります。下の級に合格することで上の級の受験資格を得られる試験が多いのですが、英検や簿記のように、受験級を自由に選べる試験もあります。

受験級を自由に選べる試験の場合、下の級を受けて落ちたら恥ずかしいからと、中級レベルの級から受ける人もいますが、おすすめしません。

下の級から受けていくほうが、基礎的な点も含めて、短期間で試験の全範囲を網羅していけるからです。中級レベルになると細かな論点も出題されるため、基礎の把握を疎かにしていると、意外と苦戦して先に進めなくなることもあるのです。

## ④簡単な試験で「勝ちぐせ」をつける

初級といえる級がないような難関試験を目指す人は、別の簡単な試験を受けてみるのもよいでしょう。

第2章で述べた、簡単な試験に合格しても意味がないという主張と矛盾するようですが、練習として受けて、合格する喜びを知ることは重要です。

ふたたびその喜びを味わうために、もっと勉強したいと思うようになるでしょう。試験に慣れていないおじさんにとっては、勝ちぐせをつけ、自分に自信を持つことは大切なのです。

私も社会保険労務士試験を受ける前に、ITパスポート試験という情報系の入門試験を受けて合格しました。合格証書が届いたときはとても嬉しく、この気持ちをまた味わいたいと思いました。

勝ちぐせをつけるために受ける試験は、ITパスポート試験、危険物取扱者などの国家資格がおすすめです。宅建を目指す人ならFP（ファイナンシャルプランナー）試験の3級と2級もよいでしょう。内容的に重複しているので相乗効果も得られます。

## ⑤「小さな成功体験」を思い出す

ビジネス書では、「成功体験は忘れろ」という言葉をよく目にします。しかし、そもそも人は成功体験よりも失敗した経験のほうがよく覚えているものではないでしょうか。私もそうです。

とはいえ、失敗したことばかりを思い出していると「頑張ってもどうせ落ちるのではないか」「こんなことをしても無意味だ」とネガティブに考えてしまいがちです。

成功した経験があるのなら、たとえ遠い昔のことや小さなことでも大切にしましょう。

いまは会社で活躍していない冴えないおじさんなのだとしても、過去には成功したこともあるはずです。新規開拓に成功した、プレゼンが成功した、仕事のことでなくても、学生時代によい成績をとった、部活で活躍した、アルバイトで頑張って先輩から頼りにされたなどでもよいでしょう。

思い出せるのなら、なぜそのときは成功できたのかも考えてみてください。周りの環境がよかったのか、モチベーション高く努力できたのか、あるいはそのことが好きだったのかなど、いろいろと気づきがあるかもしれません。そのときの状態を再現して、試験に挑むのです。

## ⑥受験に失敗した人は迷わず「スクール」も頼る

試験に挑戦しようと心に決め、いざ勉強を開始する際、参考書を買って独学で勉強するか、それとも資格対策スクールに通うか、迷う人は多いものです。

最近は書籍やYouTubeなどの動画コンテンツを活用した独学がブームになっており、独学のための勉強法を紹介した書籍も多数出版されています。そのなかでは、スクールより独学を選ぶ理由として、次のような点が挙げられています。

- ●独学は自分のペースで勉強できる
- ●テキストを読み上げるだけの講師が多く、スクールの授業は無駄が多い
- ●スクールのテキストは情報過多であり、必要以上の勉強時間を要するので社会人には向かない

本書も、基本的には独学による資格取得を前提にして書いています。

ですが、全員が独学だけで合格できるとはいいません。

先に挙げた理由はいずれももっともですが、独学で成功した人の経歴を見ると、みなさん非常に高学歴であったり、難易度が高い高校や大学を卒業していたりすることが多いのです。つまり、もともと試験に強い人が多いのです。

試験が苦手な人が得意な人の勉強法を真似しても、同じ効果が得られるとはかぎりません。詳しくはこのあとの過去問対策の項目で説明しますが、独学の場合に障害となるのは、使っている参考書に載っていない問題への対応です。本来は複数の参考書を使いわけることで対策できますが、勉強が苦手な人はそういった器用なことができず、情報の波に飲み込まれてしまいます。

そのため、次に当てはまる人はスクールも活用することをおすすめします。

- ●目指す試験の合格率が15％以下である（社労士や土地家屋調査士）
- ●高校受験や大学受験で希望の学校に進めなかった（入学試験で落ちてしまった）

私が社会保険労務士試験を受けた際は、通学する時間がないと考えて独学（正確には4年目には通信講座を受けましたが）を選択しましたが、はじめからスクールに通ったほうが早く合格できた可能性もあります。独学だけで合格できるのは、試験の難易度でいえば宅建くらいの難易度まででしょう。

スクールに通うのであれば、土日ではなく平日の夜の時間帯を選びましょう。これはアウトプットの時間を確保するためです。

なおスクールを選ぶ際は、厚生労働省の教育訓練給付が使えるか確認してみましょう。とくに「特定一般教育訓練給付」は便利です。速やかな再就職と早期のキャリア形成のための講座について、受講する労働者が支給要件などを満たし、かつ、ハローワークで支給申請手続を行えば、受講修了後に受講費用の40％（上限年間20万円）が支給されます。介護や情報処理、電気主任技術などの講座は対象となっています。

## ⑦「通信教育」は意志の弱い人以外にはおすすめ

ネットや新聞などで、資格試験に特化した通信教育の広告をよく目にすることがあります。スクールに通う時間やお金の余裕がなく、試してみようと考える人が多いのでしょう。「宅建　通信教育」などと検索すると、10以上の業者が表示されます。郵送で提出した課題が添削されて返ってくるイメージを抱く人もいるかもしれませんが、昨今の通信教育は進化しています。

講義は動画による解説が主体となり、その他にも様々な特典がついています。

そのため、結論からお伝えしますと、通信教育はおすすめです。

通信講座は、カリキュラムを作成している業者によってふたつに分けられます。

ひとつはＴＡＣやＬＥＣ（東京リーガルマインド）などの著名な資格対策スクールが提供しているもの。価格は通学する場合とほぼ同額です。

そして、ユーキャンやフォーサイト、スタディング（ＫＩＹＯラーニング株式会社）など、通信教育を事業の主体とした教育業者が提供しているものです。価格はスクール提供の講座よりも安価であることが多いです。

通信講座には次のようなメリットがあります。

- スマホに対応している講座であればスキマ時間などに学習できる
- 疑問点があれば、メールで質問できる
- 教育業者の講座であればスクールに通うのと比べて費用が半分くらいで済む

実際に、通信講座を利用して社会保険労務士試験に挑戦している知人に、講義動画を見せてもらいました。

教育業者が提供する動画であっても、テキストも分かりやすく、ボリュームも十分というものでした。

資格対策スクールが提供するものは、回数の制限はあるものの、授業に出席できたり、模擬試験や、スクール内で実施される小テストなども受けたりできるため、より手厚い印象がありました。

また、動画によっては再生速度を調整できるものもあります。

等倍よりも1・2倍、1・5倍など、再生速度を速くして視聴すれば短時間でより効率的に学べますし、途中で飽きてしまったり、ついつい睡魔に襲われたりすることも防げます。

こういった理由で、講義動画を活用した通信教育でも、しっかりとやり込めば、合格できる力は十分身につくでしょう。独学よりも費用はかかるものの、それに見合う価値は得られるはずです。


メリットだらけに思える通信教育ですが、デメリットがあるとしたら、それは「自分との戦い」であるという点です。


講義動画はスマホなどで視聴できて便利な反面、目の前にスマホがあると、ついついメールやSNSなどが気になり、集中できなくなります。

無意識に「ながら学習」となり、時間をかけて勉強をした気持ちになる割には、あまり身についていないということも起こり得ます。

私もコロナ禍での在宅勤務の時間を利用して業務に関連するセミナーをオンラインで受けたことがありましたが、仕事のメールやスマホの通知で何度も中断され、会場で受けたときよりも集中できませんでした。

テキストで勉強する際は、スマホをしまったり遠ざけたりしておけますが、通信教育ではそうはいきません。

したがって通信教育を受講するのであれば、自分の意志の強さに自信がない人は、SNSやメールなどを使用できない機器を使い、スマホは視界に入らない場所にしまっておくとよいでしょう。

## ⑧片想いでいいから「学習仲間」をつくる

資格試験の勉強は単調で、飽きたり、仕事の忙しさや家族の事情などを理由に中断したりあきらめたりしてしまうこともあります。

そうならないために、同じ試験を目指し、ともに励まし合える仲間をつくることをおすすめします。「あいつも頑張っている」と頭に浮かぶ仲間がいれば、苦しいときも踏みとどまることができます。

スクールに通う人は、そこで仲間を見つけるとよいでしょう。他人に積極的に話しかけるのは勇気がいりますが、せっかくお金を払って通うのですから、その環境を十分に活かしましょう。空気を読まずに話しかけてみたら、試験合格後も仕事の情報交換や相談をし合える仲間になれるかもしれません。

私の場合はスクールに通わなかったので、ブログでライバルを見つけていました。試験勉強の内容や進捗をネットで発信している人は多く、そのなかから年齢や学習経験などが近い人を見つけ、追いかけていたのです。

「あの人が22時まで勉強しているのだから、自分ももっと勉強しなくては」と、自らを鼓舞していました。面識がなく一方的な憧れやライバル心であっても、目標とする人がいることは大きな力になります。

## ⑨「シャドーボクシング」だけで勝とうとしない

世の中にはいろいろな特技を持った人がいます。

試験に強いというのも、特技のひとつでしょう。試験に強い人が書いた本やコメントは、もちろん参考になる部分もありますが、鵜呑みにするのは危険です。

試験に強い人がすすめる勉強法でよくあるのは、テキストを読みこむというもの。

私も高校生の頃「〇〇大学合格体験記」という類の書籍を読むのが好きでしたが

（読んだだけで勉強したという気になっていたというダメな受験生でした）、そこでも「教科書を重視せよ」という内容は多かったように記憶しています。

たしかに資格試験のような、暗記する内容が占めるウェイトが高い試験では、テキストによる学習は効果的です。

問題集の解答解説が不十分であればテキストに戻ることになりますし、演習問題をいくらやっていても、本番の試験で解いたことのない問題が出題されたら正解はできません。テキストを精読しておいたほうが効率的なのはたしかです。

私はキックボクシングやボクシングといった格闘技が好きで実際にアマの試合にも出ていますが、チャンピオンがトレーニングで重視しているのはシャドーボクシングです。対戦相手を想定してパンチを出したり避けたりするトレーニングです。

テキストを読むのとシャドーボクシングは似ているかもしれません。

トレーニングにはヘッドギアなどの防具をつけて互いに打ちあうスパーリングもありますが、シャドーボクシングでできない動きはスパーリングでもできません。

基礎がない人がいきなりスパーリングを行うと、当然、怪我もしてしまいます。

では、スパーリングは不要なのでしょうか?

いえ、試合にでるのなら不可欠です。試合になると相手は全力で殴ってきますし、思いもよらない攻撃をしてくることもあります。実戦練習をしていないと体が硬直してしまい、何もできないまま負けてしまいます。

チャンピオンがあまりスパーリングをやらないのは、過去にスパーリングをやりこんだことで、すでに動体視力や反射神経を身につけているからなのです。


本番の資格試験も同様です。テキストの文章がそのまま出題されることは稀で、表現や角度を変えて出題されます。

くわえて、試験会場というのは格闘技の試合会場同様、独特の緊張感があります。そのなかで冷静に解答できるようにするには、演習問題を積むことも必要です。

つまり資格試験の対策では、テキストを読み込むシャドーボクシングと、演習問題によるスパーリング、どちらも両方大切なのです。

## ⑩石の上にも「半年」

「石の上にも3年」という言葉があるように、企業に就職した際は「どんなに辛くても3年間は頑張れ」と言われてきました。

終身雇用という前提が崩れ、転職する人も増えた令和の時代では、さすがに「3年間耐えろ」という人は減っていますが、その仕事に適正があるかどうかは半年くらいは働いてみないと分からないのは事実でしょう。

資格試験の勉強も同じです。人生挽回がねらえるレベルの試験に合格するには、少なくとも半年間は勉強に集中する必要があります。

たとえば、宅建試験に合格するには300～400時間ほど勉強する必要があるといわれています。毎日2時間勉強しても、およそ6ヵ月はかかります。

この6ヵ月、勉強を続けるのが本当に難しいのです。3ヵ月間は続けられても、それ以上になると継続できない人が多いのです。

苦しくなったときは、勉強を始めた動機を思い出して、自らを奮い立たせてください。人生100年時代とはいえ、60歳を過ぎてから次の人生を考えるのでは遅すぎます。いま、やらないといけないのです。

自宅で勉強できないのであれば、通勤の電車の中だけでも勉強を続けましょう。休日に車で数時間かけて親の実家に行くのであれば、車の中で音声教材を聴くという方法もあります。

気持ちしだいで、勉強する時間を捻出することはできるのです。

勉強をやめたらすべてがゼロになってしまいます。自分にできる方法でよいので、まずは半年間、頑張って勉強を続けてみましょう。

# 学習の質を高める【8つの準備】

学習にむけての心構えを身につけ、早く学習を始めたい気持ちになっているかと思いますが、もう少しお待ちください。

本章の冒頭でもお伝えしましたが、私は学習の「やり方」が間違っていたために、試験に3回も挑んだにもかかわらず、成果がでませんでした。

たとえ継続力と優れたスキルを持っていても、全速力でフルマラソンを完走することはできませんし、木の枝でホームランは打てません。

ここでは学習の質を高めるための「計画」と「道具」についてお伝えします。

## ①学習計画を「質より量」で立てる

資格試験対策を始める前に、まず考えていただきたいのが学習計画です。その際に重要なのが、合格に必要な勉強時間をやりきることです。

暗記が主体となる資格試験においては、質より量が重要です。

多くの試験には合格に最低限必要な勉強時間というものがあります。本書で紹介している資格試験は、必要な勉強時間さえクリアできれば合格できる可能性が高いものばかりです。

「集中して勉強すれば、こんなに時間をかけなくても合格できるはず」と、根拠のない自信で自分を過信してはいけません。

当然、結果には個人差がでますが、まずは必要とされる時間をクリアすることを目指しましょう。

反対に、どの科目（項目）をいつ、どの順番でやるかなどはそれほど重要ではありません。極端に偏るのは問題ですが、理解している科目は勉強時間を減らす、理解度が低い科目は時間をかけるなど、進捗や難易度により臨機応変に変える必要があります。

具体的には、学習計画は次の順で考えます。

●合格に必要といわれる勉強時間を把握する
●1ヵ月あたりの勉強に振り当てられる時間を算出
●「必要時間÷勉強可能時間」で対策に要する期間を算出し勉強開始時期を設定
●分野別に勉強時間を割り当てる

それぞれの試験の合格に必要な勉強時間は、「試験名　必要時間」とウェブで検索すると見つかります。試験に関連する実務経験の有無などにより個人差はありますが、大手通信教育やスクールのサイトに掲載されている情報であればおおむね当てはまります。

たとえば、合格には300時間の勉強が必要といわれる試験を受験する場合、月平均で60時間の勉強時間が確保できそうであれば、試験の5ヵ月前から勉強し始めなければなりません。

暗記が主体である試験であれば、直前の2～3ヵ月間で集中して覚えたほうがよいと考える人もいるかもしれませんが、それは得策ではありません。

働いているとまとまった時間がとりにくいですし、学校の定期試験などと異なり

**計画表のサンプル（300時間以上の学習が必要な試験の場合）**

| 時期 | 主にやること | 月の学習時間 |
|---|---|---|
| 試験5ヵ月前 | テキスト読破<br>過去問1回目 | 50時間 |
| 試験4ヵ月前 | テキスト2周目<br>問題集開始 | 60時間 |
| 試験3ヵ月前 | 問題集完了 | 60時間 |
| 試験2ヵ月前 | テキスト3周目<br>問題集2回目完了 | 60時間 |
| 試験1ヵ月前 | 過去問2回目<br>間違った問題ノートの確認 | 80時間 |

範囲が広く覚えることが多いので、短期間では覚えきれないおそれがあります。

私が社労士試験を受けたときも、早い時期に覚えても忘れてしまうと考え、暗記すべき数字などは試験直前に学習を詰め込んだことがあります。

しかし社労士試験は雇用保険の失業等給付日数など暗記が必要な数字が多数あり、いざ1ヵ月前になったときに、覚えなければならないことがあまりにも多すぎてパニックになってしまいました。

単純作業に思える仕事でも、放置

しておくと厄介になるのと一緒です。この失敗を反省し、4回目の挑戦では早い段階から暗記にも取り組んだことで、無事合格できました。

ただし、月ごとの勉強時間を均等にする必要はありません。むしろ勉強スタートした月から徐々に増やしていき、直前の1ヵ月でマックスに達するようにしていきます。133ページの計画表のサンプルも参考に、考えてみてください。


実際に勉強を始めたら、1日の勉強時間を必ず記録してください。

勉強時間の記録をつけることで、勉強の進捗が分かります。月末にその月の勉強時間を集計し、目標時間に達していなければ、翌月以降で補填しましょう。

私はあまり几帳面な性格ではないため、対策の定番といわれる、テキストに追加情報を書き込んで一元化していく方法には途中で挫折してしまいましたが、学習時間の記録だけは欠かさずつけていました。


そして試験直前の1ヵ月間には、有給休暇を2日以上取って、丸一日、過去問を解く日を設けます。

それも試験日の1週間前ではなく、2週間前あたりに取るのがベストです。試験の3週間前〜1週間前の間は極限まで学習時間を増やして追い込みをかけましょう。

## ②試験学習は「過労死ライン」を超えないように

月の勉強時間を設定する際は、残業時間と勉強時間の合計が80時間を超えないようにスケジュールを立ててください。

なぜ80時間かというと、過重労働が要因で過労死したと判定される残業時間の目安が、直近2〜6ヵ月で月平均80時間、直近1ヵ月の場合で100時間とされているからです。

私も会社員時代に、徹夜なども含め月100時間を超える残業をしたことがあります。しばらくしてから、風邪を引いたわけでもないのに真夏に原因不明の熱が1週間近く続くなどして体を壊しました。

資格試験の勉強も、仕事と同じかそれ以上の負荷がかかります。合計で80時間を超えると、心身に悪影響がでるおそれがあります。

月の残業時間を20時間くらいと想定すると、平日に2時間、休日に3時間くらいの勉強時間で計画を組むのが妥当です。

2時間だけで大丈夫かと不安になる方もいるかもしれませんが、仕事が終わってから2時間の勉強するのはかなりきついものです。もしかしたら1時間が限界かもしれません。

机に向かうのは1時間、残りの45分は通勤途中に、15分は会社の昼休みになど、細切れにして勉強するのも手です。

ただし試験直前の1ヵ月間は80時間以上の勉強が必要となるため、有給休暇をとるなどして勉強時間を確保しましょう。

## ③700時間を超える試験は「2年計画」で

ひと月に勉強に費やせる時間が60時間だとすると、1年間で720時間しか勉強できません。そうなると、社会保険労務士試験などの年間1000時間近くの勉強が必要だとされる試験の場合、勉強時間が不足してしまいます。

難関試験を目指すのであれば、思い切って2年計画にするのもよいでしょう。

1度の挑戦で合格するという強い気持ちを持つことも大切ですが、40代50代のおじさんが無理をして月100時間も勉強すれば、かなりの確率で体が壊れます。仕事のパフォーマンスが下がり、本業に支障をきたして勉強時間が確保できなくなったりすれば、元も子もありません。

ただし複数年計画で臨むと長期化してしまうおそれもあります。

社会保険労務士の試験会場では何度も落ち続け、参加することに意義を見出しているような人たちの姿も散見されました。独学で勉強したとしても参考書代や受験料などがかかります。長期化するとその費用もバカになりません。

したがって、受験するのは3回までなど、期限を設けて挑むのがよいでしょう。

## ④信頼できる「紙の本」がやっぱり最強

昨今では、資格試験学習用のアプリや、学習方法や出題内容を解説するユーチューバーなど、無料で学習できるコンテンツも増えています。

なかには参考になるものもありますが、アプリや動画は内容が断片的で全体像が把握しづらく、初心者が使うと情報の洪水に飲み込まれてしまいます。

個人が作成した無料の学習動画なども専門家によるチェックがないため、誤った情報を覚えてしまうリスクがあります。

そのため、最初は信頼のおける市販の書籍で勉強したほうが効率的です。

紙の本のほうがPCやスマホの画面を見るよりも目に映る情報量が多く、素早くページを移動できて効率的に勉強できます。

## ⑤テキストを「他人の目」で判断しない

近年は、「紙の本はネット通販で買う」という人も多いでしょう。

しかし勉強用のテキストは、ネット書店ではなく実際の書店で現物を手に取り、中身を見てから購入を判断しましょう。

なぜなら通販サイトでコメントが多く、評判の良いテキストでも、使ってみると意外と自分に合わないと感じることがあるからです。

私がテキストの購入を判断する際に見ていたのは次の5つのポイントです。

## ●目にやさしい紙面になっているか

使っている色がきつくて目がチカチカする、字が小さすぎる（大きすぎる）と、読んでいてストレスになり、学習の妨げになります。

## ●図が分かりやすいか

一般的には文字中心のテキストよりも図やイラストが多いテキストのほうが分かりやすいといわれます。ですが、なかには見た目の印象を整えるためだけに、雑然としていて意図が分かりづらい、精度の低い図が載っているテキストもあります。

## ●ボリュームは適切か

試験によっては、学習範囲が膨大なものもあります。そういった試験の全範囲が1冊にまとまっているお得なテキストも多くありますが、省かれている内容も多いのが事実です。

学習範囲が膨大な試験を受ける場合は、勉強期間を十分に取れるのであれば、科目別に分かれているテキストで勉強するほうが網羅的に対策できます。

## ◉索引が充実しているか

過去問を解いて分からなかった問題があったとき、その論点がテキストのどこに書かれているか探して照合する作業を頻繁に行います。索引はこの作業を効率的に行うために役立ちます。

## ◉目次の階層化が正しくされているか

本の構成は、章、節、項といったいくつかの階層になっているのが一般的です。大分類、中分類、小分類と、パソコンのフォルダ構造と似ています。

重要なのは、それぞれに適切な要素が記載されているかどうかです。資格勉強をする際は、階層化がしっかりとされていて、大枠をつかんでから詳細に進めるテキストを使うと効率よく理解できます。

たとえば法律に関するテキストなら、章で法律の種類、節で法律の目的、項はそれぞれの条文、例外事項は小項で説明されている、といったイメージです。

これが、節レベルに条文の内容が記載されていたり、項レベルに例外事項が説明されていたりと統一がされていないと、大枠と詳細を行ったり来たりと頭の切り替えが大変になり、理解もしづらくなってしまいます。

確実ではありませんが、階層化がしっかりしている書籍の特徴がひとつあります。それは、章、節、項のボリュームや有無が均等でないことです。

これらの区分けや階層分けは内容に応じて必要に際して行われるべきであり、必ずしも均等になるとはかぎりません。そのため、節によって項があったりなかったり、一部の項が長かったり短かったりするのは当然であり、必要に応じて階層化が適正にされている証です。

反対に、どの章や節もボリュームが均等で、まんべんなく章、節、項が配置されている場合は、全体のバランスを優先して不自然なところで項目や階層を分けていたり、省略していたりする可能性があります。

## ⑥テキストと問題集を「著者買い」する

資格にもよりますが、試験対策用の書籍にはテキストの他に、問題集（過去問／予想問題）や直前対策本、薄い入門書、直前模試などいくつかの種類があります。

問題集や直前対策本などは、自分が使っているテキストと著者が同じもの（出版社も同じであればなおよい）があれば、そろえたほうがよいでしょう。

著者が同じであると、テキストと問題集に関連性がでます。テキストで勉強した形式の問題が問題集にも載っていて確認ができたり、解説されている解き方が一致していて理解しやすかったりと、メリットは多いのです。問題集に「解説はテキストの○○ページ参照」と記されていることもあります。

仕事でも、ロールモデルとなる人の真似をしろといわれます。著者は、あなたよりもはるかに知識を持っている人です。複数の著作を読むことで、著者の持っている知識を体系的に学ぶとよいでしょう。

## ⑦試験直前に教材を「浮気しない」

時間をかけてテキストや問題集を選んでも、いざ勉強を始めるといまひとつ合わない、解説が分かりづらいなどと感じることはあります。

そんなときは、迷わずテキストを切り替えてください。もったいないからと、自分に合わないテキストを使い続けて試験に落ちるほうが、時間もお金も無駄になります。替えるなら早い時期のほうがよいです。

また、分かりやすいけどボリュームが少なく、範囲を網羅しているのか不安に感じることもあるかもしれません。

メインのテキストと問題集の他に、不足している分野を補う本を1冊、買い足すのはありです。教材を同じ著者でそろえることをすすめましたが、専門家であってもそれぞれ得意分野があり、著者があまり得意ではない分野もあるからです。

ただし試験まで1ヵ月を切ったら、新たな教材を買い足してはいけません。手元にある教材を繰り返し活用して、理解度を深めましょう。

そもそもスクールに通っている場合は、指定の教材だけで十分です。買い足すとしたら問題集だけでよいでしょう。

## ⑧「勉強セット」を四六時中持ち歩く

待ち合わせをしていた友人の予定がずれて空き時間ができた、親や子供の付き添いで行った病院の待ち時間が思いのほか長かったなど、急遽空き時間が発生した際、散歩やスマホゲームで時間をつぶしていてはもったいないです。

ほんの少しの空き時間でも勉強を進められるように、メインのテキストはつねに持ち歩きましょう。

また、可能であればペンやノートもセットで持ち歩くと、学習効率がより高まります。

気分が上がるからと、文房具のデザイン性や勉強場所にこだわる人もいますが、勉強を特別な体験にするのではなく日常のしぜんな行為として溶け込ませたほうが、着手する心理的ハードルは下がり、長続きもします。

第

章

# 実力を超えた、「底力」を手に入れる

地味な資格を「学習」する

# 効率的に知識を得る【6つのインプット術】

さて、いよいよ勉強を始めていきますが、おじさんにもなると、きっと多くの人が記憶力の低下を感じているのではないでしょうか。

そしておそらく、低下を顕著に感じているのは、長期記憶よりも短期記憶でしょう。商談で複数の人と会ったあとに全員の名前を思い出せなかったり、1時間前に読んだテキストの内容を忘れてしまったりという経験もあるはずです。

そのため、おじさんは試験の勉強をするうえでもちょっとしたコツが必要になります。ここでは、テキストの内容を確実に覚えるためのインプットのコツを紹介します。

## ①暗記力・速読力より「推測力」

より効率よく覚えるために、暗記力の強化や速読術の習得が資格試験突破の近道になると考える人もいます。

しかし、その必要はありません。記憶術に関する書籍なども多数ありますが、時間的な余裕がある人以外は読む必要はないでしょう。

たしかに資格試験は記憶力が問われることも多いのですが、日本でいちばん長い川の名前を問われたり、四字熟語を書かせたりといった、単純な知識を問う問題は少ないのです。

たとえば、行政書士試験では憲法について、次のような問題が出題されました。

憲法には通常前文が付けられているが、その内容・性格は憲法によって様々に異なっている。日本国憲法の前文の場合は、政治的宣言にすぎず、法規範性を有しないと一般的には解されている。◯か×を選べ

**正解：×　日本国憲法の前文は、憲法の一部として法規範性が認められている。**

「前文」とは条文の前にある文章で、その法律の趣旨や基本原則について記しているものです。その前文に法律上の効力があるかというのが出題の趣旨となります。

通常は判例から○か×かを判断しますが、もし判例を覚えていなくても、「前文」が法律の一部であることをテキストで読んだ記憶があれば、法規範性があるのではと推測できるのではないでしょうか。

つまり資格試験では、前後の意味や理由に対する理解力を含んだ暗記力が試される問題のほうが多いのです。

意味の理解を必要とせず記号的に丸暗記する面では、たしかにおじさんは不利でしょう。しかし、推測力は人生経験の豊富なおじさんのほうがあります。

経験を重ねると、小説を読んでも映画を見ても先が分かってしまうようになり、若い頃のようなワクワク感は減りますが、その推測力は問題を解くことに駆使できるのです。ただし、数字や数値が重要な事項は、頑張って覚えるしかありません。

速読も、大量の資料などに目を通す仕事においては便利ですが、資格試験を突破するためには不要です。

大量の文章が出題され解答時間が足りなくなる試験もありますが、それでも一般的な読解スピードがあれば対応できます。むしろ、括弧書きの内容など、細かい点を読み飛ばしてしまうリスクを恐れるべきです。

最近は新聞の購読をやめてネットニュースなどでポイントだけ読み飛ばす人も増えています。ネットの記事は読みやすいように短文主体で書かれているため、骨のある文章をじっくりと時間をかけて読む機会が減り、まとまった文章を正確に理解する力が思いのほか落ちている人は多いので、気をつけましょう。

## ②テキストの「目次のコピー」を持ち歩く

推測力を高めるためには、全体を俯瞰して見る習慣が必要です。

資格試験の勉強でも、いま学習していることは全体のどの部分なのか、それは他の分野とどんな関係があるのかといった点を意識しながら取り組みましょう。

とくに法律関連の学習では、詳細や例外だけに注意していると、その法律の本来の目的といった本質的な部分が見えなくなってきます。

全体像を把握するために効果的なのが、テキストの目次をよく見ることです。

私はテキストの目次をコピーして持ち歩き、学習した項目をチェックしたり、日付をメモしたりしていました。

学習を始める前にも目次に目を通して、今日学習することは全体のどの位置にあたるのか、前回学習したこととどう関係するのかなどを確認します。そのためにも、先に述べたように階層化がしっかりとされているテキストを選びましょう。

## ③ 一度に覚えるのは「5つまで」にする

人は一度にたくさんのことを見聞きしても、すべてを覚えることはできません。

マジカルナンバーという言葉があります。アメリカの心理学者ジョージ・ミラーが発表した「人間が瞬間的に記憶できる短期記憶の限界容量（数）」のことです。ジョージ・ミラーはこの短期記憶の容量の限界は7±2個であると発表しました。

その後2001年にネルソン・コーワンが「マジカルナンバーは4±1個である」と発表し、現在ではこの主張が定説になっています。

つまり、テキストを読むなどのインプット学習は、一度にまとめて行うよりも細切れ時間を活用して少しずつ進めるほうが効果的なのです。通勤時間や仕事中の移動時間、昼休みなどの空き時間を利用してテキストを読みましょう。

満員電車でテキストを広げる余裕がないという人には、音声データを聴く方法もおすすめです。

## ④あえて「物音がする場所」で勉強する

自宅や図書館などの静かな場所だけでなく、あえてカフェのような騒がしい場所で勉強してみるのもよいでしょう。

本番の試験会場が静寂の空間であるとはかぎりません。近くに座った人が咳き込んでいたり、鼻をすすったりしていることもあります。

私も、選挙前の時期に受けた試験で、選挙カーが候補者の名前を連呼する中で問題を解いたこともありました。普段、物音がしない環境だけで勉強していると、こうした状況にでくわしたときに動揺してしまいます。

自宅ではどうしても勉強できないという人は、会社の帰りにカフェなどで勉強してから帰るのもよいでしょう。

## ⑤「寝る直前」が暗記のゴールデンタイム

インプットでもうひとつ大事なのは、寝る前に行うことです。勉強したあとにすぐ寝ると、睡眠中に記憶が整理され、情報が脳に定着しやすくなるのです。

しかし問題の演習や新しい分野のテキストを読むといった刺激の強いことをすると、脳が興奮して眠れなくなります。睡眠をしっかりとることも大切なので、寝る前に新たな分野に手をつけるのはやめましょう。

寝る直前は、その日にインプットしたことの復習や、演習問題で間違えた箇所の再確認などを行うようにします。運動したあとに軽い整理体操をして体をクールダウンさせるようなイメージです。

1日のおすすめ勉強スケジュールは次のようなイメージです。

- ●朝の通勤時間・昼休み・帰宅前にテキストを読む：50分
- ●帰宅後に演習問題を解く：1時間

### ●就寝前に今日やったことの復習をする：10分

なお、就寝前に小説などを読むのが趣味という人もいますが、勉強後は避けましょう。映画やドラマなども同様です。

凡人の記憶容量には限界があるため、資格試験以外の情報を頭の中に入れると、せっかく覚えた記憶が追い出されてしまいます。

私が社労士試験に挑戦したときも、3ヵ月くらい前から試験とは関係がない小説などを読むのをやめていました。

## ⑥カンニングに使わない「カンペ」をつくる

資格試験対策の方法として有名なものに、「サブノートをつくる」という方法があります。サブノートとは、テキストの内容を自分の言葉でまとめなおしたノートのことです。

たしかに、書くことで脳に定着する効果は得られるかもしれません。しかし昨今のテキストはよくまとめられていることが多いので、それをまとめなおすのは時間の無駄です。

その代わりに、過去問でよく間違える問題や覚えづらい論点などを書き出したまとめを作るのは効果があります。プレゼンやスピーチを暗記するときにストーリーの流れやキーワードをメモにまとめるのと同じで、一種のカンニングペーパーです。

もちろん、試験のときに見るのではなく、覚えるために作成します。大量に作成する必要はなく、Ａ４用紙で数ページ分あれば十分です。

むしろ要約することで、要点がしっかり理解できます。「必死にカンニングペーパーをつくるうちに、内容を覚えてしまった」という笑い話がありますが、まさにそのとおりなのです。

となりのページに、私が社労士試験を受けたときに作成したカンペを載せていますので、参考にしてみてください。

作成したカンペは試験の2週間前から持ち歩き、いつでも見ることができるようにしておきます。試験の前日や当日はテキストを読んでも文字が頭を素通りすることがあるため、自分がまとめたカンペが思わぬ効力を発揮してくれることでしょう。

## 自作カンペの例（2013年度の法律に基づいて作成）

# 健康保険法

### ■被保険者

・一定以上の労働者からの希望がある場合であっても、適用事業となるための許可の申請をすることは義務づけられていない。
・従業員の算定には、被保険者となるべき者だけでなく、適用除外の規定によって被保険者となることができない者も含まれている。
・個人事業主は被保険者になることができない（労災の特別加入）。

### 【保険者等の確認】

・任意継続被保険者、特例被保険者の資格の取得喪失に関しては、保険者等の確認は行われない。
・任意継続被保険者が正当な理由がなく保険料（初めて納付すべき保険料を除く）を収めなかったときはその日の翌日に被保険者資格を喪失する。
・任意継続被保険者の資格取得の申し出は、資格を喪失した日から20日以内（翌日ではないことに要注意）。

### 【参考】労働者が希望する場合の任意加入の申請

・労災保険：労働者の過半数が希望するとき
・雇用保険：労働者の1/2以上が希望するとき

### 【適用除外の該当者】

| | |
|---|---|
| ① | 船員保険の被保険者（疾病任意継続被保険者を除く） |
| ② | 臨時に使用される者であって、次に掲げる者<br>・日々雇い入れられる者（1ヵ月を超え引き続き雇用されるに至ったときは除く）<br>★TAC公開模試<br>・2ヵ月以内の期間を定めて雇用される者（所定の期間を超えて雇用されるときを除く） |
| ③ | 所在地が一定しない事業所に使用される者 |
| ④ | 季節的業務に使用される者<br>（継続して4ヵ月を超えて雇用される場合を除く） |
| ⑤ | 臨時的事業の事業に使用される者<br>（継続して6ヵ月を超えて使用される場合を除く） |
| ⑥ | 国民健康保険組合の事業所に使用される者 |
| ⑦ | 後期高齢医療の被保険者 |
| ⑧ | 厚生労働大臣、健康保険組合又は共済組合の承認を受けた者 |

# 実戦力を身につける【12のアウトプット術】

テキストで知識のインプットができたら、次は身につけた知識を実際の問題でアウトプットします。

ここでも、ただ問題を解くのではなく、過去問、演習問題、模擬試験と、それぞれに効果的な活用方法があります。

また、問題の形式によっては、解き方の必勝法も存在します。

あなたが努力してインプットした知識をより定着させ、本番で惜しみなく発揮するための、アウトプット術を紹介します。

## ①アウトプットは「すきまじゃない時間」で行う

インプットはすきま時間を活用して行いますが、反対にアウトプットはある程度まとまった時間をとって行います。資格試験は2時間以上の長丁場で行われることが多いので、長時間、集中を切らさないことに慣れるためです。

平日の帰宅後や、週末にまとまった時間をとって実施しましょう。最初は無理でも、少しずつ休憩の間隔を広げていき、長時間集中できるようにしてください。

## ②実戦対策のスタートは「過去問を解く」ことから

最近の資格試験では、過去に出なかった問題、いわゆる初見の問題の割合が増えてきました。それにともなって、もはや過去問を繰り返し解くだけで合格できない、過去問を解くのは効率が悪いという意見も散見されます。

しかし過去問の研究が重要なことは変わりません。初めての商談の前に、相手先の会社のことを調べたうえで臨むのと同じです。この下調べが中途半端だと上手くいかないことのほうが多いでしょう。同じことが資格試験にもあてはまります。

過去問よりも予想問題集を解いたほうが効果的だと考える人もいますが、予想問題集は著者や編集者の主観で作られているものもあり、難しすぎたり簡単すぎたりして本番試験と乖離していることがあります。

1冊の問題集を徹底的に仕上げるのであれば、過去問がもっとも効果的です。

## ③過去問は「最低3回」解く

とはいえ、やみくもに解いていては適切な効果が得られません。

まず、過去問を解くタイミングは3回あります。

1回目は、テキストを一度読み終えたあとです。

過去問の問題集は、分野別にまとめられたものや、過去数年分の実際の試験がまとめられたものなど何種類かありますが、1回目は直近の試験をまとめた過去問を解きます。

目的は正解率を測ることではなく、使っているテキストが試験の出題範囲を網羅しているかどうかを確認することです。

テキストを一度読み終えたくらいではほとんど内容は頭に残っていないと思いますので、解答や解説を見てもかまいません。

また、テキストに載っていない難しい問題も出題されているはずですが、気にしないでください。どの試験でも毎年、テキストに載っていない問題は出題されます。「捨て問」といって、合格点ラインや難易度を調整するための難問です。

実際の試験では、試験にもよりますが、通常は約8割の問題を解ければ合格ラインに達します。

そのため、テキストは過去問の9割くらいの分野を押さえられていれば十分です。

では、テキストでは過去問の9割をカバーできないような、範囲が膨大な試験の場合はどうしたらよいのでしょうか。複数の教材を購入して足りない点を補う方法もありますが、重複する部分が多く、効率的ではありません。

この場合は、いっそスクールを利用するのも現実的な方法です。通学は難しくても、オンライン（通信）形態のスクールもあるので、検討してみましょう。

1回目の過去問で把握すべきことがもうひとつあります。それは最低合格点と分野（科目）別の足切り点です。

試験によっては分野別の足切り点が設けられていて、総合得点がよくても足切り点に引っかかった分野（科目）があると不合格になってしまうことがあります。

過去問を解いて、自分が不得意な分野を把握し、補いましょう。

さらに可能であれば、受験者の分野別（科目別）の平均点も分かると、重点的に学習できるため安心です。分野別平均点は公表していない試験が多いのですが、スクールは分析データを持っていることが多く、頼めば教えてくれるでしょう。

なお、すでに実際の試験を受けて本番のレベルを体感している人は、この1回目の過去問は割愛してもかまいません。

1回目の過去問を解いたあとは、テキストを分野ごとに再度確認し、その後ふたたび、該当分野の過去問を解いていきます。民法のテキストを読んだあとに民法分野の過去問を解くというイメージです。

つまり2回目は過去問が分野ごとにまとまった問題集を解き、内容の理解度をたしかめていきます。この際、ただ解くのではなく、正解できたかどうかを問題の横に○×をつけて記録していきます。

すでに出題された問題を繰り返し解く必要はないと考える人もいるかもしれませ

**過去問を解くタイミングと目的**

| 回数 | 時期 | 使用する過去問 | 目的 |
|---|---|---|---|
| 1回目 | テキストを読み終えたあと | 試験と同じ形式のもの | 独学でいける試験か判断するため<br>合格最低点や平均点を知るため |
| 2回目 | 分野別にテキストを読み終えたあと | 分野別に分かれているもの | 得点力を上げるため |
| 3回目 | 試験の1ヵ月～2週間前 | 試験と同じ形式のもの | 弱点分野を把握するため |

んが、○がついた問題はもう解かなくていいというわけではありません。

私も2度目に社労士試験を受けたときは、一度正解した問題を繰り返し解くことはせず、次々と新しい問題集に手を出していました。

しかしその結果、正確な知識が定着せず、ほとんど勉強しないで受けた1度目と大差ない点数に終わったのです。

法律系の試験などは知識が増えるとかえって混乱して、過去に正解できた問題も間違えてしまうことがあります。その問題に斜線をひいて消すのは、3回続けて正解できたらにしましょう。

全問題に斜線が引かれるよう、試験直前までやり込んでいきます。

3回目に過去問を解くのは、試験の1ヵ月から2週間前です。過去5年分くらいの過去問を、各回通しで解きましょう。

目的は、自分の実力と弱点を知るためです。点数が悪かった分野はテキストを再度読み込み、基礎から確認します。合格点をクリアしていたらテキストは軽く読み流すくらいでよいでしょう。

## ④「5年以上前」の過去問も解く

過去問を9割以上解けるようにしておけば安心とお伝えしました。一部、例外的な試験もありますが、大抵の資格試験は合格をねらえるでしょう。

なぜなら、資格試験では過去に出題されたのと同じ問題が出ることが多々あるからです。

同じ問題が繰り返し出されるのは、論点となる箇所がかぎられていることにくわえて、国家試験は出題ミスがあると責任問題となってしまうためです。

法律には、原則ダメだが例外的に認められるような事項がいくつかあります。作問者がそこを見落として、誤った問題や答えが絞れない問題を出題してしまった場合、没問といって、どの選択肢も正解であった（もしくは誤っていた）問題として処理する必要があります。

問題を作る側も作問ミスによる責任を負いたくないため、安全策をとって過去に出題された問題を出すことになるのです。

過去の問題が再度出題される際は、5年より前に出された問題であることが一般的です。過去に出た問題をふたたび出題するのは仕方ないとはいえ、さすがに出題者も直近の5年間の問題は避ける傾向があるためです。

したがって過去10年間の過去問問題集などがあればやりこみましょう。

なお、見開きの左側が問題で右側が解答と解説になっている一問一答形式は、効率よく確認ができるのでおすすめです。

## ⑤ 模擬試験で「初見問題」に備える

試験のなかには、毎回必ず初めて出題される問題があり、過去問を繰り返し解くだけでは対応できない場合もあります。

私が受験した社会保険労務士試験もそのひとつでした。試験は午前と午後の部に分かれており、過去の試験と同じような問題が出る（最近ではその割合が減ってきてはいますが）午後の択一試験とは異なり、午前の選択式試験で過去に出題された問題がでることは稀でした。

選択式試験は対策が難しく、実際、社労士試験で何度も落ちている人は、この選択式で失敗している人が多いのです。

では、こういった問題を解くにはどうすればよいのでしょうか。

まずは、テキストをしっかり読み込むことです。テキストに載っていない問題がでるかもしれませんが、そうした心配をしている時間があるのなら、テキストに書いてあることを確実にしていきましょう。

また「予想問題集」があれば購入し、独学の人であってもスクールが主催している模擬試験などがあれば受験してみましょう。

ただ、テキストを読みこむ、過去問を繰り返しやる、予想問題集をやる、模擬試験を受けるとなると、時間的な余裕がなくなってしまうおそれがあります。その場合は、予想問題集を解くのは思い切ってあきらめ、スクール実施の模擬試験に絞ることをおすすめします。

スクールはデータベースが豊富なのと、受験のプロなだけあって、予想問題の的中率が高いからです。私が受けた社労士試験でも、スクールの模擬試験で出題された問題と同じような主旨の問題が本番ででました。

とはいえ、初見の問題に対応できるようにすることは大切ですが、あまり気にしすぎるのもよくありません。奇問や難問は他の人も解けません。初見の問題については6割解ければよいという気持ちで挑んだほうが合格に近づきます。

## ⑥模擬試験は「帰りのカフェ」までが本番

受験予定の試験の模擬試験があるなら必ず受けます。そのときは試験問題の郵送やオンラインにより自宅で受けるのではなく、できれば試験会場で受けましょう。自宅で受けるとつい自分に甘くなってしまい、時間をオーバーしたりカンニングしたりして本当の実力を測ることができないからです。

1章でもお伝えしたように、自分を過信してはいけないのです。

模擬試験を受けるのは、時間配分や雰囲気に慣れるということはもちろん、同じような問題が本試験で出されることがあるためです。

したがって得点や判定がどうだったかということよりも、出された問題をしっかり復習して理解することが大切です。

できれば、その日のうちに試験の復習を終えてしまいましょう。試験の記憶が鮮明なうちに、会場近くのカフェなどで答え合わせすることをおすすめします。

試験を受けて疲れた状態で家に帰ると、1杯だけとついビールを飲んでしまうなど、もはや勉強どころではなくなってしまいます。そうならないよう、自宅へ帰る前に復習しましょう。

模擬試験といえども順位や合格可能性が発表されますが、あまり気にする必要はありません。あくまでもその時点の結果でしかないので、たとえD判定でも気落ちすることなく勉強を続けましょう。

私が社会保険労務士試験に合格したときも、最後に受けた模擬試験の判定はDだったので、ご安心ください。

## ⑦演習問題で「死角」をなくす

大学受験では、「不得意科目を克服するより得意科目を伸ばす」という戦略があります。教科によって配点が異なる大学も多く、自分が得意で、かつ配点が高い科目があれば、そこを重点的に磨くのはたしかに有効です。

しかし一般的な資格試験は、科目や分野の配点が均等である試験が多いです。難問である捨て問も出題されるため、どんなに得意な科目でも、その科目で稼げる点数には限界があります。

分野別足切り制度があれば、放置していた苦手科目の点数が足切りにひっかかり、落ちてしまうこともありえます。

テキストを読み込んでも得点が上がらないような不得意分野を克服するためには、実践形式の演習問題を増やします。

その際は、全体的にバランスよく取り組みましょう。正解率が低い不得意分野に対して苦手意識を持ち、得意科目は2回目が終わっているのに不得意科目は1回しか演習問題を行っていないなど、無意識のうちに頻度に差がでてしまうことはよくあります。これではいつまでたっても改善しませんし、正解率が低いことで自信を失うという悪循環にも陥ってしまいます。

できるだけ、科目ごとの取り組み具合が均等になるように演習を進めましょう。

## ⑧成績の「成長痛」に悩まない

法律系の試験では、知識が増えれば増えるほど成績が悪くなることがあります。私が社労士試験を受けた際も、ほとんど勉強しなかった1回目よりも2回目のほうが点数が低くなり、唖然としました。「適正がないのでは」「あきらめたほうがよいのかな」と真剣に悩みました。

しかしこれは、あやふやな知識が増えたことにより頭が混乱しているだけなのです。勉強によりあやふやな知識が増え、そのあやふやな知識によって「知っていたこと」ですら疑うようになり、答えを選ぶときに迷いが生じてしまうのです。

車や家などを購入する際、雑誌やネットから情報を集めすぎたことで、どれも欠点があるように思えて選べなくなるのと一緒です。

いわば、成長している証しの痛みなのです。

みなさんも、2回目に受けた模擬試験の結果が悪くなったり、1回目に正解できた問題を間違ったりしても動揺しないでください。それは知識が増えている証なのです。あやふやな知識を少しずつ正確にしていけば、必ず成績は上がります。

## ⑨「うんちくおじさん」になって知らない人に説明する

ときに試験勉強では、何度解いても間違えてしまう項目や問題に出くわすことがあります。

何度も間違えてしまうのは、基本的な知識に抜けや勘違いがあるためです。まとめノートなどをつくるのも有効ですが、「自分がどこを理解できていないのかも分からない」状態であるため、一人で復習していても十分ではありません。

そのときは、その分野のことをまったく知らない人に教えてみましょう。

知識がまったくない人にAとBの違いを説明すると、「そもそもAって何？」「なぜAがあるのにBがあるの？」といった予期せぬ角度からの質問をもらえるかもしれません。

それを説明するのに苦戦するうちに、自分が正確な知識を持っていなかったり、論理的に理解していなかったりということに気づけます。

## ⑩試験は順番通りではなく「戦略的に」解く

宅建で2時間、行政書士で3時間、社労士試験は午前3時間半、午後1時間20分と、資格試験は長丁場の戦いになります。

仕事のプレゼンや商談は長くても2時間程度で終わるため、長時間休むことなく頭をフル回転させることはあまりないでしょう。

そもそも、大人の集中力は90分が限界ともいわれています。どれだけ訓練を積んでいても、試験後半の時間帯になればなるほどパフォーマンスは落ちていきます。

したがって、試験時間の前半は思考力を試される分野を、集中力が落ちる後半は暗記中心の分野を解きましょう。

暗記力中心の問題は覚えているか覚えていないかが重要なので、頭が疲れている状態でも差はあまりでません。

ただし、難しい問題に必要以上に時間かけてしまう人や、問題が解けないと頭が真っ白になってしまうような人は、確実に解ける問題から解いていきましょう。

どの順番で解くのが自分の実力をいちばん発揮できるか、模擬試験や過去問演習を解いて探ってみるとよいでしょう。

順番通りに解かない場合に注意しなければならないのが、マークシートの記入ミスです。解答欄が一問ずつずれていたりすると、それまでの努力が水の泡です。対策として、解答は問題用紙に書き込んでおき、最後にまとめてマークシートに転記するのもよいでしょう。

## ⑪「引っ掛け選択肢」を一瞬で見抜く方法

法律系の択一試験では、誤りである選択肢や、内容を読み飛ばして選択を間違いやすい選択肢の特徴があります。選択肢を選ぶ際は、次の点に留意しつつ読みましょう。

### ●例外を認めない言葉が含まれていないか

「すべて」や「いかなる場合」などが含まれる選択肢は誤りである可能性が高い。

●ややこしい表現を使っていないか

「～するわけではない」「～ということもある」といった選択肢は誤りである可能性が高い。

●括弧書きがないか

括弧が含まれる選択肢は、（　）の中を読み飛ばしてしまうと不正解になってしまう。（　）の中に要件や例外事項が記されているので注意する。

## ⑫問題は「〇△×」をつけながら解く

試験終了時間ギリギリに焦って解答を見直し、自信のある問題の解答を書き直して不正解になってしまったなんてことはありませんか？

そして逆に自信がなかった問題は放置してしまい、得点を下げてしまうことも。

私も本番の試験で経験があります。とくにマークシートの試験でやりがちでした。

決断が揺れてしまうくらいなら見直しはしないほうがよいという意見もあります。

とはいえ、まったく見直しを行わないのも不安でしょう。

そこで私がマークシート式の試験で行った見直し方法は、問題を解く際に○△×をつけながら解いていくというものです。

○は自信がある問題、△はあやふやな問題、×はわからなかった問題です。

解答を見直す際、○をつけた問題はマークシートへの転記が正しいかどうかだけを確認します。ただし計算を含む問題は、電卓の打ち間違いや消費税を足し忘れたなどで誤った値を出してしまうこともあるため、○であっても見直します。

△をつけた問題は、もう一度、問題文を読むようにします。選択肢をひとつに絞りきれていない状況が多いため、もう1回、最初から読んだうえで判断します。

それでも迷う場合は、最初に選んだ解答を変えないようにします。選択肢を絞りきれないのは、論点があやふやな部分があったということです。そのような場合は、意外と直感が当たることが多いのです。

×はあらためて見直したところで正解に辿りつく可能性は低いのであきらめます。

なお、試験によっては書き込みが禁止されているものもあります。事前に概要を確認しておきましょう。

# 持てる実力を発揮する【9つのライフスタイル術】

ここまで紹介したインプット術とアウトプット術を実践していただければ、試験対策は完璧でしょう。

しかし、試験の結果を左右する要素があとひとつあります。

それは、ライフスタイルです。

人の体は不思議なもので、同じ勉強法をしていても、体の調子によってその効果は大きく異なってしまいます。試験本番で全力を出しきるためにも、生活に気をつかうことは、重要なのです。

試験対策パートの最後に、持てる実力を最大限に発揮するためのライフスタイルのコツをお伝えします。

## ①酒とタバコより「食べすぎ」をやめる

試験勉強を始めると同時に禁酒や禁煙をする人がいます。

タバコは体に悪いのでやめられるのであればやめたほうがよいですが、合格のために無理してやめる必要はありません。

なぜなら勉強によって精神的にも肉体的にも負荷がかかるのにくわえて、いままで嗜んでいたものをやめるとさらにストレスがかかってしまうからです。ふたつ以上の習慣を同時期にやめたり始めたりするのは得策ではありません。

ただし、ストレスなくやめられる自信があれば、お酒は控えたほうがよいでしょう。なぜなら、帰宅後に晩酌してしまうと勉強ができなくなるからです。

勉強が終わってから飲めばいいとも思いがちですが、先ほどお伝えしたように、記憶は睡眠中に脳に定着します。寝る前に飲むと寝つきが悪くなるばかりか、せっかく勉強したことが脳に記憶されないおそれもあります。

お酒を飲むなら週1回、日曜日の夜だけなど、頻度や量を決めましょう。

また、食べすぎも勉強の大敵です。

ランチで定食を食べたあと、頭がぼーっとして睡魔に襲われたといった経験はあると思います。夕食を食べすぎると、頭の回転が悪くなり、その後の勉強にも支障をきたします。

つまり、やめなければならない生活習慣の優先順位は「食べすぎ＞お酒＞タバコ」ということです。タバコが良いというわけではなく、試験勉強の妨げにはならないというだけですが。

## ②糖質の「中毒性」にはご用心

勉強のお供に、チョコレートなどの甘いものが欲しくなった経験はないでしょうか。気分転換として1日に2、3粒食べるのはよいですが、大量に食べるのは避けましょう。

ビジネスパーソンは仕事が忙しいと、おにぎりやサンドイッチ、立ち食いソバなどの手軽なもので食事を済ませるようになります。これらの食事は炭水化物中心であることが多く、そこには糖質が多く含まれています。そのうえでチョコレートなどを食べると、糖分を摂りすぎている状態になります。

糖分にはタバコやアルコールと同様に中毒性があるため、摂りすぎたり、習慣的に食べていたりすると、止まらなくなるだけでなく、もっと欲しいという欲求に悩まされるようになります。眠気や体のだるさといった身体的悪影響も与えます。

また、サプリや栄養ドリンクの摂りすぎにも注意してください。

昨今、様々な種類のサプリが販売されており、なかには集中力や記憶力がよくなる効果を謳ったものまであります。ただし大量に摂取すると胃に負担がかかり、人によっては内臓や消化器系の痛みを引き起こすこともあります。

試験前は緊張により、ただでさえ胃の痛みなどが起こりやすくなるため、十分に注意してください。

## ③おじさんの勉強は「夜型」で

社労士試験の合格体験記を読んでいると、5時などの早朝に起きて勉強している人が多いようでした。朝の時間を利用した学習や運動をすすめている自己啓発本などもあります。

予期せぬ残業などで終業後に勉強時間がとれなくなるのを避けるため、朝の時間を捻出して、確実に勉強できる時間を確保したくなる気持ちは分かります。

しかし、日常的に早起きしている人以外は、無理する必要はありません。

理由は、禁煙のところでも触れましたが、勉強と早起きというふたつの習慣を同時に取り入れるのは負担が大きいからです。

また、朝から本気で勉強すると、心身ともにかなり疲れた状態で会社に向かうことになります。体力がある20代や30代ならともかく、40代50代のおじさんには体力的にきついでしょう。本業に支障をきたして、仕事に使う労力がさらに増えてしまったら、勉強に悪影響を与えてしまいます。

働く時間を自由にコントロールできる経営者なら、早朝からガンガン勉強や運動をしてもよいと思いますが、ふつうのビジネスパーソンは無理に早起きして勉強する必要はありません。

## ④「少人数の対人スポーツ」が試験の得点を高める

勉強期間中は、週に1、2回の適度な運動をしましょう。

運動の習慣は脳の働きを活性化させます。実際に、東大などの難関校に合格している人は、意外と勉強一筋ではなく、部活などの運動をしている人が多いのです。

社会人の運動と聞いて思い浮かべるのは、筋トレやランニング、そしてゴルフなどでしょうか。それらの運動もいいですが、ぜひおすすめしたい運動があります。

それは卓球やテニス、バドミントンなどの、少人数で点数を競う対人競技です。

これらの競技は長時間の集中力を要します。目の前のボールや動きに瞬時に対応し、全体を俯瞰して相手の次の動き、その次の動きまで読む必要があります。

長時間の集中力や洞察力、俯瞰した思考力が必要なのは、試験も同じです。

空欄に当てはまるキーワードを選択肢から選ぶ穴埋め問題などは、空欄のある文章だけを見て答えを選ぼうとすると間違ってしまうことがあります。文章全体の意味や、前後の文章などにも目を配れる俯瞰したものの見方も重要なのです。

本格的なクラブなどに入らなくても、友人や、奥さんや子供とやるのでもよいでしょう。

あともうひとつおすすめなのがストレッチです。集中して勉強すると肩こりと首の痛みがひどくなりますが、その予防効果があります。

## ⑤睡眠時間を削るなら「1時間」まで

睡眠不足で勉強しても、よい効果は得られません。

どうしても睡眠時間を削って勉強の遅れを取り戻す必要があるときは、通常6時間半の睡眠を6時間にするなど、1時間程度以内の削減にしてください。

その際も、昼休みや通勤途中に仮眠をとるなど、できるだけ1日のトータルの睡眠時間を減らさないよう工夫することが大切です。

## ⑥休日の勉強は「午前中のみ」に

平日に十分な時間をとれないため、休日に5時間も8時間も勉強しようとする人もいます。ですが、勉強は午前中だけにして、午後は自由な時間を過ごしましょう。

1週間、絶え間なく緊張していると体が疲れてしまいます。勉強を始めたあなたに、家族も気を遣ってくれていることでしょう、家族仲を円満に保つためにも、スポーツや買い物などにでかける、あるいは家族と家でのんびりするなど、無理せず過ごしましょう。

ただし試験直前の1ヵ月間だけは例外です。できるかぎり休日の午後も学習時間にあてましょう。

資格試験には宅建（13時〜15時）、行政書士試験（13〜16時）のように、午後の時間帯に行われるものもあります。それらの試験を受ける人は、午後の時間帯に最大限の集中力を発揮できるよう、実際に試験が行われる時間帯に合わせて過去問の演習を行いましょう。

たとえば宅建の勉強なら、試験前1ヵ月間の休日は次のようなスケジュールがおすすめです。

## 9〜12時：自宅でテキストを読むなどのインプット型学習

13～15時：図書館に移動して過去問を全問通して解く
15～16時：過去問で間違えた箇所の復習
22時～就寝まで：過去問の間違えた箇所の復習

## ⑦神頼みより、「会場の下見」を

私は神社を訪れるのが好きです。出雲大社や伊勢神宮などの著名な神社には、何度も足を運びました。

しかし、あえて試験前には神社に行きませんでした。神社に行って神様にお願いする時間があるなら、自分ができることをしたほうが運も味方してくれると考えたからです。

神社の代わりに行ってほしいのが、会場の下見です。

年に1回しか試験がない、試験会場に向かう路線を利用したことがないといった場合は、会場の下見をしておくと安心です。会場が予想以上に駅から離れていたり、駅の構造が複雑で乗り換えに時間がかかったり、一度駅を出て乗り換える必要があり迷ってしまったりなど、予想外の事態が起こるのを防げます。
また下見の際は、予定の交通機関が使えなくなった場合の別ルートも想定して、行きは最短ルート、帰りは別ルートを使うなどするとよいでしょう。

午前と午後にまたがる試験の場合は、昼食を食べる場所も確認しておくと安心です。試験当日は大勢の受験生が会場に来るため、周辺の飲食店が満員になり、貴重な昼休みがランチ探しの苦労で終わってしまうこともあるのです。

事前に会場周辺の状況を確認しておけば、家からお弁当を持ってきたり、駅の近くのコンビニで軽食を買っていったりなどでき、ランチ難民にならずにすみます。

「そこまで準備する必要があるのか？」と思われるかもしれませんが、ひとつでも不安ごとを減らすことが、普段の実力を完全に発揮するためには必要なのです。

## ⑧試験前日は「テキストよりマンガ」

試験前日は、あまり根を詰めて勉強しないほうがよい結果につながります。

とくに、新しい問題や難しい問題に挑んではいけません。暗記が必要な数字だけは確認し、いままでに解いた問題を再度解く、作成したカンペに目を通すなど、負荷の軽い内容にしましょう。

散歩やストレッチなどをして体をほぐすのも効果があります。マンガを読んだり、バラエティ番組などを見たりしてリラックスするのもよいでしょう。ただし映画など内容が濃いものは目や脳が疲れるので避けましょう。

ニュース番組を観るのもよいですが、のめり込まないよう注意しましょう。天災や政治、外交、経済などいろいろと意見を言いたくなることはあるかもしれませんが、テレビの前やSNSでつぶやいても現実は変わりません。試験に合格することに集中しましょう。

私も東日本大震災の年、数ヵ月間、テレビやネット、新聞などにかじりついていて勉強への集中を著しく欠き、不合格になってしまったことがあります。例年より仕事が忙しくないチャンスの年だったので、もったいないことをしてしまいました。

そして繰り返しになりますが、試験前日の食事は消化のよいものを中心にし、食べすぎないようにしてください。受験票や筆記用具など、当日に持っていくものも前日のうちにそろえておきましょう。

## ⑨試験当日は「インプットをシャットアウト」する

いよいよ試験の当日です。おそらく緊張で、テキストを読んでも文字が頭に入ってこないかと思います。簡単な問題をいくつか解く、カンペを一読するといった軽めの勉強をするだけで十分です。

不安があれば、暗記が必要な数字などはもう一度確認しておきましょう。

服装はラフなもので問題ありませんが、ポロシャツやえりつきのカジュアルシャツなどを着て気持ちを引き締めるのも手です。試験場へは余裕を持って1時間前には到着するように家を出発します。

すべての問題に正解する必要はありません。

大抵の試験では、7割以上得点できれば合格できます。ここまできたら、あとは自分を信じてベストを尽くすだけです。

# 第5章

# 自分を変える、「行動力」を手に入れる

地味な資格で「行動」する

# 資格を仕事につなげる【7つの戦略】

試験の合格、おめでとうございます。長い間、勉強おつかれさまでした。難関の資格に合格したのですから、きっと喜びの余韻に浸っていることでしょう。

ですが、それは今日だけにしましょう。

あなたにとって試験の合格は目的ではなく通過点であるはずです。真の目的は、手に入れた資格で安定した生活と収入を手にいれることです。

そのためのスタートラインに、ようやく立ったのです。

そして喜んでいるところたいへん恐縮ですが、ここで行動できるかどうかが、人生挽回できるかどうかの分かれ道になります。

本書の後半では、手にした資格を活かして稼いでいくための方法を紹介していきます。まずは、資格を仕事につなげるための戦略をご紹介します。

## ①初心者だからこそ「実務から入る」

試験に合格して資格を得たのはいいものの、「さて、これからどうしよう？」と迷われる方も多いのではないでしょうか。

「いますぐ仕事を始めるのは自信がないから、もう少し実務の勉強を続けよう」と考える人もいるかもしれません。実際、試験会場などではスクール主催の実務講座のパンフレットが配られています。

ですが、まずは実務に就くことを考えてみましょう。その資格を活かして働いてみるのです。知識を補強するためにスクールへ通うのも悪くはありませんが、実際に仕事を体験するのに勝る経験はないからです。

実務に就くためには、「社内で異動する」「転職する」「独立する（士業の場合）」の3つの方法があります。

この中でもっともハードルが高いのが独立ですが、もっとも成長できるのも独立です。

独立は勇気がいることですが、実務に関してはなんとかなることが多いのです。はじめはお客さんも少ないので、ひとつひとつの案件に時間をかけて取り組めます。書籍を読む、役所に行って確認する、先輩に不明点を聞くなど、走りながら少しずつ知識を増やしていけばいいのです。


独立といっても、たったひとりで働くのではなく、事務所に所属する働き方もあります。

実際に私も、社会保険労務士事務所で働いていますが、新卒社員のように手取り足取り教えてもらったわけではありませんでした。最大のネックはお客さんを見つけることであり、それ以外のことは案外なんとかなるのです。


また、試験に合格しても、講習を受けなければ資格が正式に付与されないこともありますので注意してください。

たとえば社労士は、試験に合格しても、2年以上の実務経験がない人は事務指定講習を受けなければ社会労務士と名乗れないようになっています。通信講座（4ヵ月程度）を受けてから、面接指導（4日程度）を受講する必要があるのです。試験に合格しただけなのと、正式に資格を持っているのとでは、相手に与える印象が異なります。

時間や費用はかかりますが、いつかは独立や転職を考えているのであれば受けたほうがよいでしょう。試験合格後に試験を管轄する事務局から各種書類が送られてきますので、その書類に目を通して必要な手続きをしてください。

## ②副業するなら「ライター・講師業」がおすすめ

とはいえ転職や独立はリスクがあるので、まずは副業から始めたいと考える人もいるでしょう。しかし残念ながら資格と副業の相性はあまりよくありません。なぜなら宅建士や電気主任技術者、施工管理技術士などが携わる仕事は責任が重いため、アルバイトや外部スタッフに任せる会社はなく、正社員として入社する必要があるためです。

また社会保険労務士や行政書士などの士業も、56ページでお伝えしたように、日中の仕事をしながら副業として行うのは難しいものがあります。

それでも副業から始めたいという場合は、資格を使った実務ではなく、専門知識を活かしたライターや講師の仕事がよいでしょう。

実務経験がないのに記事を書くことに不安を感じる人もいますが、じつは会社に在籍している人のほうが具体的な内容を発信できます。

独立している人は個人や少人数の事務所で業務を行っているため、法律には精通していても、実際に多様な人材が働いている環境を身をもって体感していません。

会社に勤めている人なら、「パワハラ防止対策法の施行後にハラスメントが減った」とか「新型コロナウイルス感染症により外国人労働者が減少した」「減った人の分の穴埋めはどのようにしているか」などのイメージがつかみやすく、具体的な事例について書けます。セミナー講師についても同じことがいえます。

社会保険労務士なら働き方改革について、行政書士なら外国人労働者雇用についてなどの執筆や講演ができるでしょう。ただの万年係長であっても、資格の肩書があれば仕事をもらえる可能性はあるのです。

また、士業としていつかは独立を目指す人であれば、顧客開拓においてライターや講師の経験があると有利になります。

まず講師の経験ですが、士業の顧客開拓は、セミナーを開催して参加者にアプローチするのが王道です。そのため「多くの見込み客と接点を持てる」点で、講師の経験は役立ちます。

そしてライター経験については、「文章力の向上」という点で役立ちます。たとえばホームページを作る際、外部業者に任せるにしても文章は自分で書かなければなりません。他にも商談の際の提案資料や、見込み客へのメルマガの発信など、自分で文章を書かなければならない場面は独立する前よりも増えます。

とはいえ、文章を書くのが苦手で、ライターとしてお金をもらうなんて無理だと尻込みしてしまう人もいるでしょう。

でも安心してください。記事の書き方にはいくつかの定型があるため、小説家やプロのライターになるのは難しくても、基本さえ押さえれば標準レベルの文章は書けるようになります。

いまから外国語やプログラミングを勉強するのと比べて、労力はかなり低いでしょう。最近では文章術の優れた入門書も出版されています。まずはそうした本を数冊、読んでみましょう。

じつは、年配の士業の方は、文章が分かりづらかったり、セミナーも難しすぎたりする傾向があります。仕事でのやり取りやセミナーに参加した際の個人的な印象では、弁護士や税理士などの難関資格を持っている人でも同様です。

人よりも頭の回転が速いのは間違いないのですが、昭和の時代の専門教育は高尚であったため、その時代の感覚をいまだに持っている方が多いのかもしれません。

したがって、平均以上の文章力と、素人目線の分かりやすい文章を心がければ、ライターとして仕事を得ることは十分可能です。

ライティングの仕事は、「ウェブ　ライター募集　行政書士」などと検索すると募集できる案件が見つかります。

ただし、会社に在籍しながらライティングやセミナー講師の仕事をする際には、自社の機密情報の取り扱い規定には十分留意しなければなりません。実名が載るといった場合は、会社に許可をとったほうが安心でしょう。

### ③「ニッチ業務」をねらう

社労士と行政書士は担当する業務範囲が広い士業です。

税理士のように業務内容が明確になっていないため、自分がどの業務を中心に行うか決めておく必要があります。社労士であれば、給料計算業務なのか助成金の申請代行業務なのか、または労務関係の相談業務なのか、といったことです。

すべての業務をできる人もいますが、大半の人は業務をある程度は絞っています。そして自分の得意とする業務以外の仕事を依頼された場合は、事務所所属の人であれば他スタッフに、個人で働いている人であれば知り合いの専門家に依頼します。

担当業務を決める際には、流行のトピックを避け、あまり人がやらないニッチな業務に目をつけることをおすすめします。

社労士でいえば、給与計算や労務相談などはすでに経験を積んだ人が多く、新規参入しても仕事を受注できる確率は低いでしょう。仕事を得るために料金を下げなくてはいけなくなり、忙しい割に安定した収入を得られないおそれもあります。

一方で、労災に強いなどというのはアピールポイントになります。なぜなら労災については労働安全衛生法という法律を遵守しているかがポイントになるのですが、仕事現場のイメージが湧かず、労働安全衛生法について馴染みがなく、苦手意識を持つ社労士は多いからです（私もそうです）。

また、労災は工場や建設現場が中心で、これまで事務系の職場では意識されていませんでしたが、最近は新型コロナウイルス感染症対策のための環境整備として関心が高まっています。

よくある「50歳以上のキャリア構築」といった本には、いままでやってきた仕事の棚卸しを行い自分の強みを分析しろと書かれていたりします。

たしかに長くやってきたことや得意とすることの延長上にある仕事なら、自分のスキルを発揮できるでしょう。しかし、ニーズがなくては意味がありません。

新型コロナやＡＩなど、変化の早い世の中です。これまでの経験にとらわれすぎず、「これがやりたい」「これは当たりそうだ」といった感覚も大切にしましょう。

## ④「自分勝手な価格表」をつくる

アパレルブランドのGUでは、新しい服を開発する際、まず値段から決めるそうです。決めた価格で利益を生み出せるようにコストや原価を設定して服作りをしているため、ムラのない収益を実現できているのです。

士業として独立する際も、仕事の依頼がくる前に、まずは価格表をつくりましょう。仕事の依頼は突然舞い込むものです。滅多にないことですが、事務所を構えた日や、ホームページを作成した翌日などに問い合わせがあることも想定されます。

そこで提供する価格が決まっていないと、業務受諾の判断ができなかったり、頑張って働いたのに利益が上がらなかったりしてしまいます。

## ⑤「目標収入」を設定する

価格表をつくる際は、仕事の種別ごとの相場ではなく、自分が理想とする収入の目標を立て、そのために必要な金額で設定してみましょう。

私がいまの事務所に入った際は、月間１００万円の売上を得ることを目標にしました。一般的な顧問契約料が３～４万円である社労士の世界では、１００万円に達するには約30社を担当する必要があり、現実的には厳しいものがありました。そこで報酬金額が多い助成金申請に着目したところ、報酬が多い月には１００万円の売上を達成できるようになりました。

次のステップでは月間の平均売上で１００万円を超えることを目標にしましたが、これは助成金申請の上乗せがあっても達成が難しく、達成のためには価格表を見直す必要があると分かりました。法改正に関するサービスなど、ある程度需要が見込まれる分野の価格を改定したことで、達成できました。

目標を設定することで、自分が提供すべき仕事量と価格が見えてきます。たとえば、許認可業務を中心とする行政書士として60万円を稼ぎたいのであれば、15万円の仕事が４件必要という目途がつきます。資格試験を受ける前に必要な勉強時間を把握するのをおすすめしましたが、同じようなイメージです。

資格を使って働くことを手段ではなく目的としないために、達成すべき目標から逆算して仕事量や提供価格を決めていくのは大切なことなのです。

## ⑥「2種類のお金」の話題に興味を持つ

士業として独立する際は、お金に関する知識を身につけましょう。

売り上げ確保や資金繰り、従業員の賃金テーブルの検討など、あなたの顧客となる中小企業の経営者は、みなお金に関することで悩んでいます。

身につけていただきたいお金の知識は、おもに2種類あります。

ひとつは助成金や補助金など、会社の「業務」に関するお金のことです。

たとえば社労士として新規のお客様を開拓する際、「SDGs（Sustainable Development Goals：持続可能な開発目標）に対応した体制作りをバックアップします」とアプローチするよりも、「旬な助成金（補助金）の情報をお知らせします」と言ったほうが、経営者の反応はよいでしょう。

いまでは禁止されていますが、「貴社の社会保険料を削減するノウハウをお知らせします」というトークを武器に飛び込み営業をかけ、成果を上げた社労士もいました。

私の場合も、コロナ禍では「休職する際の社会保険料の支払いは社員の負担となっているか」「指定感染症で会社を休んだ場合は無給にしてよいのか」などの質問をよく受けました。

もうひとつは、キャッシュフローや財務諸表といった会社の「財務」に関するお金の知識です。財務諸表の作成は税理士の独占業務となっていますが、内容は把握できるようにしておくと、依頼主から頼りにされます。

たとえば社労士なら、派遣会社設立の許認可を代行する場合は資産的要件がネックになることがあるため、「貸借対照表」を見て要件を満たしているかどうかを判断しなければなりません。新たな賃金制度を作る際なども、その会社の売上や利益からでる労働分配率を考慮しなければ、絵に描いた餅となってしまいます。

また、ときには中小企業の社長から資金繰りに関する相談を受けることもあります。その際、「私は税理士ではないのでお金のことは分かりません」と答えてしまったら、相手は見捨てられたような気持ちになってしまうでしょう。

あなたがお金に関する専門家ではないことは先方も十分承知しています。そのうえで、セカンドオピニオンを求めているのです。

医師から癌を告げられた患者は知人にも意見を求めようとするそうですが、それと似た状況です。「私はお金に関する専門家ではありませんが」と前置きを述べたうえで、自分なりの体験や知識の範囲で説明できるようにしておきましょう。

書籍を2、3冊読めば財務諸表の内容を理解できるくらいにはなりますので、勉強しておくことをおすすめします。

お金に関して強くなるためには、自分の収入と収支の管理をすることから始めてみるのが最良の方法です。

独立1年目は顧客もあまりいないでしょうから、スタッフを雇用することも少ないはずです。月々の売り上げ管理（記帳）や確定申告を自力で行うのは、それほど難しいことではありません。家計簿をつけることの延長のような形でできます。

自分の収支決算が明確になっていれば、今年はどのくらいの仕事をこなさなければいけないのか、そのためにはどれくらいの業務量が必要なのか、といったことも見えてきます。士業にかぎらず、独立した人で失敗するのは、こういったお金の流れに無頓着な人なのです。

## ⑦「知識の仕入れ」にお金をけちらない

小売店を経営する際は、魅力ある品物を仕入れないとお客さんが来店しません。士業の場合の仕入れとは、知識のアップデートです。

書類の作成能力などは実務経験を積めば上がっていきますが、新たな知識は自分から積極的にとりにいかないかぎり得られません。法律が変わっても誰も教えてくれないのです。

いまはネットで検索すれば、誰でも最新の情報を収集できます。

お客さんが知っているような情報を専門家が知らなかったら、瞬時に信用を失い、お金を払う価値がないと判断されてしまいます。自分で積極的に勉強して、知識を身につけていきましょう。

では、法律の改正などといった最新情報を手に入れるにはどうすればいいのでしょうか？

それは試験勉強のときと同じです。お金をけちらないで、書籍を購入したり、セミナーに参加したりしましょう。

専門書には数千円もするものもあるため、購入を躊躇してしまう人もいるでしょう。気持ちは分かりますが、ネットで検索するよりも書籍のほうが短時間で確実な知識を得られます。プロの著者と編集者が手間と時間をかけて情報を精査したものが書籍ですから、それを活用しない手はありません。

セミナーに参加し、講師の話を聞くのはもっと効率的です。各士業団体は、法律が改正される前後に、関連したトピックについてのセミナーを主催します。これらのセミナーに足を運び、最新情報をまとめて手に入れるのもよいでしょう。

セミナーを受けるメリットはありますが、「ひよこ食い」には気をつけてください。ひよこ食いとは、資格を取ったばかりの何も知らない人に、高額のセミナーやコンサルティングを販売して利益を得ることです。

私は社労士になりたての頃、先輩社労士と次のような会話をしました。

「社労士の世界では、どんな分野の仕事をしている人が稼げているのですか？」

「それは社労士相手の商売をしている人ですよ」

「社労士相手の商売？　予備校の講師ですか？」

「そうじゃなくて、ひよこ食いをしている人。年収で数千万とか稼いでいる人もいるみたいだね。佐藤さんも引っかからないように注意してくださいね」

社労士の名誉のためにお伝えしますと、ひよこ食いをしているような人は社労士のなかでもごく一部です。

ですがみなさんも、こういった手口に引っかからないよう、気をつけてください。ましてや、自身がひよこ食いをするなんてことは、言語道断です。そういった行為をしていると、評判が広がり、本業で仕事ができなくなっていくでしょう。

# 顧客を見つけるための「7つの戦術」

資格をとり、知識も身につけ、ついに独立を迎えました。

しかし、これだけでは仕事は始まりません。

そうです、あなたに仕事を頼んでくれる「お客さん」が見つからないことには、いつまでたっても仕事は始まらないのです。

「地味な資格」は顧問契約など安定した収入が見込め、紹介により顧客も増えやすいとお伝えしましたが、そのサイクルができるまでの初期の顧客獲得は必要です。

組織に所属しているときは、会社がすでに付き合いのある顧客を紹介してくれました。飛び込み営業であれ、ツールやホームページは会社が用意してくれます。しかし士業で独立する場合は強力なコネや人脈でもないかぎり、顧客の開拓は簡単なことではありません。

「必死に頑張って、ようやくここまでたどり着いたのに……」と落胆する気持ちも分かりますが、安心してください。

これから、その「お客さんの見つけ方」をお伝えしていきます。

## ①「経営者」と知り合うことから始める

顧客獲得の基本は「紹介」です。

前職からのツテ、お客様からの紹介、他の士業からの紹介、飛び込み営業、セミナー開催など、士業の顧客開拓のアプローチは様々ですが、なかでもオーソドックスなのが、地元の経営者や有力者（医院の理事や開業医）などが参加するような団体に加入し、知り合いを紹介してもらうというものです。


規模にかかわらず、経営者は売り込まれることに慣れているので、一般人よりもガードが堅い傾向があります。

そして士業が売るのは物ではなく無形のサービスであるため、判断が難しく、知らない人よりも知り合いに頼みたいという心理もはたらきます。

したがってＪＣ（青年会議所）、ロータリークラブ、ライオンズクラブ、政治家の後援会など、経営者が集まる会に参加して交流を深めたのち、紹介で仕事をいただくのが効果的なのです。

## ②一部の「異業種交流会」はリスクもあるが役には立つ

経営者が集まる会を紹介しましたが、すでにこうした会には士業の方々が参加して確固たる人間関係を作っているので、後発で参加してもすぐに仕事に結びつくことはないかもしれません。

その他にも、経営者が集まる場として異業種交流会というものがあります。

しかし、私も生命保険の営業をしていたときから最近まで継続して参加していましたが、残念ながら個人的には効果が得られませんでした。自分の仕事の売り込みに熱心な人が多く、持続的な関係を築けそうにもなかったからです。

ただし士業の先生のなかには、異業種交流会を活用している人が多いのも事実です。そこで、ここ数年で人気のあるふたつの団体を紹介します。

ひとつはＢＮＩという団体です。

ＢＮＩ（Business Network International）は世界規模の異業種交流会です。会員は地域ごとにあるチャプターとよばれるグループに加入します。毎週特定の曜日の早朝に開かれる会合に参加し、チャプター内の会員に顧客を紹介することが義務づけられています。

ひとつのチャプターのメンバーは30名前後で、参加できるのは各分野1名までに限定されているのが特徴です。そのチャプターにすでに自分と同じ分野の人が所属している場合は入会できませんが、反対に、入会できた場合は同じ士業同士で競合することがありません。

メリットが多い反面、デメリットもあります。それは毎週、他のメンバーに顧客を紹介し続けなければならないことです。チャプターにもよりますが、新規会員の勧誘が必要になることもあり、この負担に耐えられず辞める人もいるようです。

私も参加枠で参加し、早朝からハイテンションでスピーチしたり拍手したりするエネルギーに圧倒されました。毎週必ずメンバーに顧客を紹介しなければならないルールは厳しいですが、新たな顧客が見つかる可能性はあるでしょう。

もうひとつは、倫理法人会です。

倫理法人会は、倫理運動の趣旨に賛同する法人会員による組織です。地域ごとに支部がありますが、ＢＮＩのような顧客の紹介を必須とはしていません。

早朝6時から集まり、会の歌を斉唱したり、「万人幸福の栞」を輪読したりします。ＢＮＩと同様にハイテンションな雰囲気なため合う人と合わない人がいると思いますが、セミナーの参加者には中小企業の経営者が多く、仕事につながる可能性はあるでしょう。

また、顧客の開拓以外にも、士業が異業種交流会に参加するメリットはあります。たとえば、社労士であるあなたが知人から「新会社設立のために必要なことを一式頼みたい」と言われた場合、社労士だけでできることはかぎられています。

会社の登記や定款の作成には司法書士の力を借りる必要がありますし、経理面では税理士のサポートがあったほうが安心です。何かトラブルが発生したときのために弁護士の知り合いもいたほうが心強いですね。

長年企業勤めをしてきた人で、これらの士業の知り合いがいる人は少数でしょう。

異業種交流会で他の士業とのネットワークをつくっておけると、協力をお願いしたり、新規のお客様を紹介してもらえたりなどのサポートを得られることもあります。

とはいえ、異業種交流会は不特定多数の人が集まる場であるため、金銭が払われなかったり、望まぬビジネスに巻き込まれたりといったトラブルも起こり得ます。活用する際は、そういったリスクがあることもふまえて判断してください。

## ③「暖簾分け」制度なんて当てにしない

いきなり独立するのはリスクがあるからと、まず士業事務所に勤務したあと、そこでの顧客を引き連れて独立する、いわば暖簾分けをねらう人もいると思います。

しかし結論を言うと、それはほとんど期待できないでしょう。社労士にかぎらず、そのような形で独立した士業の先生には会ったことがありません。

ただし、独立後も業務委託という形で古巣の事務所からの仕事を継続して受けている人はいますので、選択肢として無いわけではありません。頑張って長年勤務すれば、代表の信頼を得て、共同代表の誘いをもらえることもあるかもしれません。

## ④心強い味方「同窓生」を頼りまくる

50歳にもなると、学歴を意識することはほとんどなくなるでしょう。むしろこの歳で学歴をアピールしていたら、周囲から少し痛い目で見られてしまうかもしれません。実際、転職の面接でも学歴が話題になることはほぼありません。

しかし50歳で新たな道を歩み始めた私の経験からすると、想像していた以上に同窓生というのは応援してくれるものです。

セミナーや異業種交流会に足を運ぶよりも、まずは出身高校などの同窓会に参加することをおすすめします。大学によっては、同窓生による異業種交流会を運営する組織もありますので、探してみるとよいでしょう。

規模が大きい私立大学は、社長も数多く輩出しています。社長の出身大学で日本大学が1位なことはよく知られていますが、福岡大学が3165人で16位、愛知学院大学が2661人で18位、東北学院大学が37位と、地方の私立大学も健闘しています（東京商工リサーチ2020年調査）。

大学が運営するＯＢ会には、卒業した経営者も多数参加します。独立するのであれば、こうしたつながりを活かさないのはもったいないです。

他にも、士業専門の同窓会もあります。同業者の先輩や他の士業と交流するまたとない機会です。いきなり営業をかけるのは禁物ですが、自分がどんなことができるのかをアピールすることは大切です。ただ「社労士をやっています」「行政書士をやっています」だけでは興味を持ってもらえないので、「労務関係の相談にのっています」「申請書の作成支援をしています」と、できることを簡潔に伝えられるようにしておきましょう。

また学校だけでなく、同じ企業の出身者同士というのも親近感が生まれます。リクルート出身者のネットワークは有名ですが、社員数の多い会社に勤めている人は、自社の出身者同士のつながりは無視できません。

自社から独立して起業した人がいるのであれば、思い切って連絡をしてみるのも手です。「あんな厳しい会社で〇年もいたなんて根性ありますね」「自分がいた頃は管理が厳しくて」など、共通の話題で盛り上がることでしょう。

これらの会合に参加したとしても、すぐに仕事につながるわけではありません。当面は独立を考えていないという人でも、そこでの縁がいつか何かにつながると思って、会合には積極的に参加しておくとよいでしょう。

参加するだけではなく、幹事なども引き受けるようにすると、より人脈が広がります。少し頑張って、SNSで企業OB会、同期会といったグループを立ち上げてみるのもよいでしょう。

## ⑤プロフィールの「出身アピール」でチャンスを呼び込む

「同窓会が行われているかわからない」「自分から声をかけるのは気が引ける」という方には、ホームページやSNSのプロフィール欄の活用をおすすめします。

プライバシー保護の意識から、プロフィールを「大学卒業後は金融機関に勤務。2018年、社会保険労務士として独立」と、出身校や略歴をぼかしている人がいます。一流大学や一流企業ではないから掲載しないという考えでしたら、あらためたほうがよいかもしれません。

前述したように、名門大学や有名企業の経歴だけが仕事につながるとはかぎりません。同じ大学や企業の出身者が見つけて連絡をくれる可能性も十分あります。

個人情報なので判断は自由ですが、最終学歴と直前の会社名くらいは載せておくと、思わぬチャンスが舞い込むこともあるのです。

じつは本書の企画も、フェイスブックでつながった編集者の方の兄弟と私の出身校が同じことがきっかけで生まれました。

## ⑥気心知れた「趣味仲間」を大切にする

独立したからといって、いま続けている趣味や娯楽をすべてやめて仕事に専念しようと考えている人がいたら、ちょっと待ってください。

スポーツや音楽、芸術などの趣味の場での交流は、意外と仕事につながります。

気心が知れているだけでなく、「あの人はおとなしそうに見えるだけで、じつは負けず嫌いだ」といったようにお互いの本質的な部分が分かっているため、重要な業務も任せてもらえるのです。

私が生命保険の営業をしていたときも、最初にお客様になってくれた人はキックボクシングのジムで出会った人でした。

したがって、いままで続けてきた趣味があるなら続けるべきです。

ただし仕事につながりそうだからといって新しい趣味を始める必要はありません。その時間があれば、営業活動や知識を費やすことに時間を使ってください。


ビジネスで定番の趣味といえばゴルフですね。ただ拘束時間が長いため、最近の若い経営者では敬遠する人もいます。

代わりにトライアスロン、ロードバイク、ボルダリング、格闘技などのマイナースポーツを好む人が増えている印象があります。

70年代や80年代のロック、昭和歌謡などもマニアックな人気があります。おじさんバンドをやっている人などは、イベントに来てくれた人や出演者に積極的に話しかけてみてはいかがでしょうか。

## ⑦ダメ元で「マッチングサービス」を覗き見る

最近では、中小企業の経営者と士業を結び付けるマッチングサービス（アプリ）もあります。多くのサービスは、登録すると企業が募集している案件を閲覧でき、見積を提出できるようになっています。

ただしひとつの案件に複数の士業が見積を提出することも多く、経験も問われたりしますので、登録すればすぐに仕事をもらえるほど甘くはありません。

また、マッチングサービスにかぎらず、ネットを通じて仕事を受ける場合は、お金が適切に支払われないトラブルも起こり得るので注意してください。

とくに助成金や補助金に関する仕事は、対面で獲得した顧客であっても集金がスムーズにいかないことがあります。不正受給に加担する恐れもありますので、細心の注意を払ってください。

したがってマッチングサービスを活用する際は、あまり期待はせず、どのような案件が発生しているのか覗き見るくらいの気持ちで登録するとよいでしょう。

第6章

# 誰にもひるまない、「営業力」を手に入れる

地味な資格で「営業」する

# 士業はみんな営業が苦手

繰り返しで恐縮ですが、独立における最大のネックは顧客の開拓です。

第5章でお伝えしたとおり、士業の顧客開拓の基本は、経営者と同じコミュニティに入り、関係性を深めたうえで依頼を待つことです。しかし農耕型ともいえるこの方法は、成果がでるまでに時間がかかります。

そこで避けて通れないのが、営業です。

独立して数年間は、顧客開拓のための営業活動をしなければならないでしょう。

ホームページからの問い合わせや紹介を中心に顧客獲得をしたいという場合でも、契約をクロージングできる営業力は求められます。なぜならあなたを訪ねてくるお客様はまだ仕事を頼むことを決定はしておらず、候補となる同業者2、3人を比較検討している段階だからです。商談での説明がいまひとつですと、受注は見送りになってしまうでしょう。

偉そうに切り出しましたが、私自身の営業経験はどうなのかというと、印刷会社で1年足らず、生命保険会社で2年間と、合計で3年とちょっとしかありません。しかも印刷会社での営業は得意先から受け取った原稿を工場へ運ぶだけでしたので、営業経験としてカウントするのも怪しいほどです。

一方、生命保険会社の営業はフルコミッション（完全歩合制）の厳しい世界でしたので、テレアポ、飛び込みとなんでもやりました。病院の待合室でも声をかけたり、母が亡くなった日にも商談に行ったりと全力で取り組みましたが、それだけやっても成績が上がらず、給料も低空飛行を続けたため、あきらめて社労士の仕事に移ったのでした。

つまり、私の営業実績はほとんどゼロに近いのです。

「そんなおじさんが営業について語る資格があるのか」と疑問を持つかと思いますが、いまの事務所に入ってからは、4年半で100社近くの新規顧客を獲得しています。月々の売上も平均1000万円を超え、多い月では1000万円を超えることもあります。

自慢したいわけではなく、実務経験もなく、事務処理能力も人並み以下の50歳を過ぎたおじさんでも、このような結果を出せたとお伝えしたいのです。

とはいえ営業に対して苦手意識を持つ人は多いでしょう。

営業が嫌だからサラリーマンを辞め、士業として独立しようと考えたのに思惑が外れたと思う人もいるかもしれません。

でも、それはあなただけではありません。営業を苦手とする士業の人は多いのです。つまり、コツさえ分かれば同業者と差をつけることができます。

私がいまの成果を出せているのも、生命保険会社時代に会社が用意した研修に参加したり、自腹を切って営業のセミナーを受けたり、関連する書籍を読みまくったりしたおかげです。

この章では、私が独学で身につけた営業術と、商談をまとめるための方法についてお伝えします。

# 士業の営業は難しくて当然

ひと言で営業といっても、扱う「商材」と「対象」によって定石が異なります。「商材」には、車や複合機のような有形なものとソフトウェアや人材派遣のような無形なもの、「対象」には、法人と個人の2種類があります。それぞれを組み合わせると次のようになります。

- ●法人向け有形商材の営業（複合機、サーバー、FA商品など）
- ●個人向け有形商材の営業（車、不動産など）
- ●法人向け無形商材の営業（ソフトウェア、人材派遣など）
- ●個人向け無形商材の営業（生命保険など）

地味な資格による士業は3つめの「法人向け無形商材の営業」に該当します。

無形商材の営業は、商品の特性や他製品との違いを言語化するところから始まります。これができていないと、何百人にアプローチしても結果は得られません。

くわえて、ソフトウェアや人材派遣などであれば、新製品の投入時や人手不足のときなど、需要が生まれる瞬間が明確ですが、地味な資格による業務の場合は必要性さえはっきりしないこともあります。

そのため、商品説明の前にニーズを喚起させるアプローチが必要となります。社労士であれば、就業規則の改定を提案する前に、「現状の就業規則を使っているとどんな問題が起こるのか」「就業規則を改定すると会社にどんなメリットがあるのか」などを伝えなくてはいけません。

一方、有形商材はイメージやメリットが明確なため、一般的には無形商材を扱う営業のほうが、有形商材の営業よりも難しいといわれています。

つまり士業の営業、とくに地味で使える資格の場合は、営業の難易度自体が高いのです。士業が営業を苦手とするのは性格的な面もありますが、そもそも難しいことであるということを頭に入れておきましょう。

# クセのあるオーナー社長の攻略法

地味な資格による営業の難しさが増す要因が、もうひとつあります。

営業先企業の大半が、従業員100人以下の中小企業であることです。

オーナー社長が強い決定権を持っているため、社長に気に入られたら話が早い反面、個性が強い人が多く、大企業に長年勤めていた人とはあまり相性がいいとはいえません。


そのため、まずは中小企業のオーナー社長の特徴を押さえておきましょう。

もちろんオーナー社長といっても人それぞれなので例外はあります。ですが、あくまで主観的な観点から言わせていただくと、一般的にはせっかちな人が多いようです。

自らが事業の最前線に立ち、1日に何件も取引先を回っていたり、自身が開発に

も携わっていたりなど、社員の誰よりも忙しい社長もいます。

多忙なわけですから、法人営業の定石通り「貴社の労務問題に関する解決策を提案するために、いくつかヒアリングさせていただけますか？」といったアポイント提案をしても、「なんか面倒くさないなあ、うちは労基署から指をさされなければいいんだよ。落ち着いたらまた連絡するよ」と断られてしまうこともあります。

また、中小企業のオーナー経営者は学生の頃にヤンチャだったりオタクだったりと、主流派というよりは、一般人とは違う感性を持つ異端児が多い印象があります。そのため、通常は個人向け営業のキラーワードとなる「みんなが使っていますよ」という言葉も「みんなと同じなんて嫌だな」と逆効果になることもあります。

営業方法について説明した書籍やセミナーは多数ありますが、大半は個人または企業の担当者向けのもので、中小企業のオーナー社長に特化した手法を紹介しているものは意外とありません。

富裕層をターゲットにした営業法などは目にしますが、こちらは高額商品や金融商品を販売することが目的なので士業の営業には活かしづらいでしょう。

参考になるとしたら、ＭＲ（医療情報担当者）の営業手法です。

ＭＲは製薬会社の営業組織に所属し、医療機関を訪問して医療品や薬品を提案する職業です。

医師も忙しく、急患が発生するためまとまった時間がとりにくく、短時間でセールストークをまとめる必要があります。つまり、オーナー企業の経営者と思考や行動に類似性があります。

絶えず情報をアップデートしなければならないという点も、ＭＲと士業は似ています。

身近にＭＲをやっている人がいれば、話を聞いてみるのはよいかもしれません。

# 資料は時間かけて作らない

価格表は別として、提案のための資料は作り込む必要はありません。なぜなら、作り込んだ資料を渡しても読まれることは少ないからです。

それよりも効果的なのは、担当者が同席している場合は、労働局や役所が作成しているパンフレットなどを使って分かりやすく説明してあげることです。

助成金や補助金の申請、社会保険の加入、許認可の手続きなどは、専門機関のホームページに具体的な資料が用意されています。最近では役所が作成する資料も見た目が分かりやすく、読みやすいものになってきているため、わざわざ自分で資料を作成する必要はありません。

とはいえ、文章についてはいまだに専門用語が残り、曖昧な表現もあるなど、分かりづらいままであることが多いのです。いわばお役所言葉というものです。

そこで、一般人が解釈に迷うような箇所について「これはこういった意味です」と説明してあげましょう。

たとえば、許認可で求められる事務所の要件として「転貸借の場合は所有者の承諾書が必要です」という一文があった場合、「転貸借」がピンとこない人もいます。

そこで「ここの事務所は大家さんと直接契約されていますか？」「直接契約している場合は、このような承諾書を添える必要があります」とサンプルを見せながら分かりやすく伝えるといった、翻訳をしてあげるのです。

おそらく担当者は社長から命じられて事前にパンフレットに目を通し、いろいろな質問をあなたに投げかけてくるでしょう。

あなたも案件に関係するパンフレットを訪問の前に徹底的に読み込み、不明点があれば役所に電話して確認しておきましょう。可能であれば同じような案件を担当している同業者と読み合わせをし、不明点を確認しておくと安心です。

一方で、経営者と直接面談する場合は、パンフレットの内容をA４用紙一枚くらいにまとめた資料を用意して説明するのが効果的です。

このあたりは、資格試験の勉強と同じ要領です。試験の直前にカンニングペーパーを作ったように、役所の資料からポイントだけを抜き出しましょう。

なお、大企業や中堅企業から依頼を受けた場合は、社内で稟議を上げるためのある程度ボリュームのある資料をパワーポイントで作らなければなりません。

最近では大企業や中堅企業から依頼されることが増えてきました。

社内にも資格を持った人がいて内部でも対応はできるのですが、セカンドオピニオンを聞きたい、他の会社の動向を知りたいという目的で私のような専門家に依頼しているようです。

とはいえ、中小企業と比べて受注金額が2倍になるわけではないので、それほどありがたみはありません。むしろ契約書などの内容に注文が入り、工数的には増えることもあります（勉強になるというメリットはありますが）。

会社の規模により報酬が変わるわけではないため、小さい会社だからと手を抜いたりはせず、やり方は変えても向き合う気持ちは変えずに取り組みましょう。

# 既存顧客こそ最大の見込み客

就業規則の見直しや、助成金の申請手続きのような単発の依頼よりも、顧問契約といった大きな仕事を受注したいと考える人も多いでしょう。しかし、顧問契約は通常月額3万円くらいですが、零細企業にとっては大きな負担となります。

また、改善すべき点を一度にあれこれ説明すると混乱して面倒だと思ってしまう経営者もいるため、あまり焦らず、まずは小さくてもいいのでひとつの仕事を受注できるように努力しましょう。

むしろ、単発の依頼をしっかりこなしていくことが、大きな仕事へのもっとも効果的なアプローチ方法です。そのために重要なのが、アフターフォローです。

単発の仕事をして、クライアントとはそれっきりというのはもったいない話です。たとえば就業規則は一度作れば終わりではなく、次の法改正時に再度検討や修正をする必要があります。助成金の申請手続きを請け負ったことがある企業には、新たな助成金ができたときに情報を提供すればふたたび仕事につながるでしょう。継続的に情報提供やアプローチを続けて関係をつないでおくことが重要です。

私も生命保険の営業時代にはアフターフォローを活用していました。保険会社の営業担当者は入れ替わりが多いため、退職した営業の担当顧客リストをもらいアプローチしたところ、反応がよく、契約の乗り換えや追加契約を獲得できたのです。

アフターフォローとして顧客にアプローチする際は、思い切って社長にアポイントをとって対面で伝えましょう。相手にとっても情報をもらえるメリットがありますので、一度仕事をしている仲であれば警戒せずに会ってくれるでしょう。

古い方法ですが、年賀状や暑中見舞いなどのハガキを送るのも効果があります。その際は必ず社長宛に送り、直筆コメントを加えることも忘れないでください。

反対にＦＡＸによるＤＭは迷惑がられます。資料を封筒に入れて送付しても読まずに捨てられてしまうでしょう。その点、ハガキは数秒でも社長の目に留まる可能性が高いので、伝達手段として効果が期待できます。

# 1回の商談で契約をとる方法

法人営業というと、1回目にヒアリング、2回目に担当者プレゼン、3回目で役員プレゼンと、数回にわたりアプローチすることが定石とされますが、士業の商談は1回で決めることが重要です。理由はふたつあります。

ひとつは、時間があくと他の士業に鞍替えされるおそれがあるためです。ネットで検索すれば、あなたが提出した見積よりも安い金額で引き受けてくれる同業者が簡単に見つかってしまいます。あるいは、社長が出席した会合に顔見知りの同業者がいてアプローチされるかもしれません。

ふたつめは、仕事の単価がそれほど高くないため、時間をかけて契約をもらえたとしても、労働時間あたりの単価が低くなってしまうためです。

数万円の案件のために何度も面談し、4日も5日もかけてしまうと、労働時間あたりの売上は微々たるものになってしまいます。

顧問契約につながればまだよいですが、駆け出しの場合は難しく、助成金の申請や就業規則の作成といった単価の安い単発業務が中心となるでしょう。

1度の商談で契約を決めるには、次のふたつのことを心がけてください。

## ①「世間話」はしない

一度の商談でクロージングするためには、価格や割引可能な範囲などを事前に明確にしておきます。

それにくわえて重要なのが、商談では世間話をせず、すぐに本題に入ることです。

以前、ある経営者との商談で、世間話を振ってしまったことがあります。すると相手は、困っていることなどを一方的に話し始めました。

一生懸命に傾聴していると、30分くらいで「私は次の予定があるから、あとはうちの総務担当者と話してくれ」と言って慌ただしく出かけていってしまったのです。

その後現れた担当者は何も聞かされておらず、仕事内容を説明したり見積書を渡したりしたものの、「いったん預からせていただき、伺った話を社長に伝えたうえであらためて連絡します」と言われてしまいました。

担当者から社長に話が伝わればよいのですが、そうはいかないことが大半です。いつまでも返事がなく、痺れを切らして担当者に連絡すると「私と社長がいるときにもう一度説明していただけますか」と、思いもよらぬ解答がかえってきました。

初回の商談は、完全に無駄になってしまったのです。

失敗だったのは、社長と話した30分の間で、提供できる業務内容を説明して見積書を見せなかったことです。見積に社長が同意したという御墨つきがあれば、あとは担当者と事務的な手続きの話で進められたことでしょう。

## ②「場の宣言」をする

もちろん世間話で場を温めてから適当なところで切り上げて本題に入るほうが、関係性構築の面では効果的でしょう。でもそれができるのは、コミュニケーション力のある優秀な人だけです。営業に慣れてなく、会話を自分のペースにもっていくのが苦手な人であれば、社長の勢いに飲み込まれてしまうのがオチでしょう。

雑談で時間が過ぎるのを防ぐためには、会ってすぐに「本日は何の目的で来社したのか」「その内容は何か」「出してほしい結論は何なのか」と、面談の概要を説明しましょう。これを「場の宣言」といいます。

また、中小・零細企業の場合、打ち合わせの開始時刻に全員がそろっておらず、遅れて参加してくる人もいます。

はじめからいた人とだけ話していると、あとから到着した人が話についていけなかったり、目的と関係のないことを話し始めたりする事態も起こり得ます。遅れて加わった参加者にも、何を目的に来訪しているのかを明確に伝えましょう。

そして、場の宣言は初回の面談だけでなく、受注後の打ち合わせでも留意してください。打ち合わせの間隔があくと、忙しい経営者や担当者は前回話した内容を忘れていることもあります。

議事録を残す方法もありますが、事前に見返しておいてくれる人は少ないでしょう。打ち合わせの冒頭で場の宣言をすることで、主導権をとり、目的意識が明確な話し合いができる効果もあります。

# マニアックな話題をおもしろく話すには

1度の面談で契約を決めるには、営業の技法を身につける必要があると考える人もいるでしょう。たしかに営業トークの基本的な型というのはあります。

昨今では、次のような段階をふんだアプローチが効果的だといわれています。

●心を開くアプローチ
●問題意識を引き出す（ニーズ喚起）
●利益・可能性を描かせる
●気づかせないクロージング
●反論は処理しない（Yes、But話法は駄目）

私が生命保険の営業をしていたときは、次ページの表の手順を踏んで商談できるよう訓練を受け、30分くらいの模範原稿を丸暗記していました。

無理にこの流れに沿って話せるようにする必要はないですが、「問題意識を引き出す」などは参考になると思います。

とはいえ、クロージングのためには型よりも大切なことがあります。

それは、話の「おもしろさ」です。

「おもしろい」といっても、笑い話をするわけではありません。

人がおもしろいと感じるのは、「知ってることの、知らない話」です。

成功している士業の先生には趣味も極めている人が多いのですが、共通するのは、みなさんただ詳しいだけでなく、相手に興味をいだかせるように話せることです。

プロ野球の話をするのであれば、「阪神、今年も駄目ですね」といった誰でも話せるようなことではなく、「藤川球児のストレートはただ速いだけでなく、なぜ打てないのか」といったディープな内容を、誰にでも分かるように説明するのです。

食事の話なら、どのラーメン屋さんが美味しいというのではなく、味噌ラーメン、

## 効果的といわれる営業アプローチの例

| 段階 | 内容 | 備考 |
|---|---|---|
| ステップ①<br>心を開くアプローチ | 相手に好感を持ってもらうことが大事。好かれていれば説明がつたなくても売れる。<br>そのためにはお世辞でもよいので相手を褒める。そしてオーバーリアクションで反応する。 | |
| ステップ②<br>問題意識を引き出す<br>（ニーズ喚起） | こちらから問題を提起しない。相手の口から出させる。 | |
| ステップ③<br>利益・可能性を描かせる | その商品を買うとどんな楽しいことがあるかを連想させる。 | 「ビデオカメラを購入するとお子さんの成長を残せますよね」といったように説明する。 |
| ステップ④<br>気づかせない<br>クロージング | 「ところで金額は」など会話の流れを断ち切るのはよくない。<br>自然な流れでクロージングできるようにする。 | |
| ステップ⑤<br>反論は処理しない<br>（Yes、But話法は駄目） | 相手を論破するのではなく、不安や不満に共感して心により添っていく。 | 相手の小さなYesを引き出すような質問を続ける |

醤油ラーメン、塩ラーメン、豚骨ラーメンの中でどれがいちばんカロリーが少なく、体に良いのかといったような話です。

これは何も、雑談をしろということではありません。

重要なのは、単なる情報ではなく、深堀りした自分なりの解釈を交えて伝えることです。それを、経営者との面談でも意識してもらいたいのです。

なぜなら法律の話というのは、一般の人にとって興味が薄く、内容や経緯などを説明されてもピンときません。「そうですか。わかりました」で終わってしまいます。いま話題になっている制度や法律が、相手の仕事とどう関連するのか、それを守らないとどんなデメリットがあるのかなど、自分の解釈も交えた内容を、例えなども使って具体的に説明してようやく興味をもってもらえるのです。

この「人を惹きつける話し方」の感覚は、ひとりでつかむのが難しく、誰かに伝える練習をすることで身につきます。もっとも身近な相手である家族に、「どうせ仕事の話をしても分からないだろう」と決めつけず、話してみましょう。

人はある程度の歳を重ねると、「この人に話しても理解できないだろう」と勝手に判断し、相手によって話題を選ぶようになります。でも、相手のリアクションが鈍いのはあなたの話し方が悪かったせいかもしれません。

あえて興味のなさそうな人に話して、興味を持ってもらえるように話し方を工夫していくと、あなたの伝え方のレベルは格段に向上するでしょう。

第

章

# 自分らしくいるための、「生きる力」を手に入れる

地味な資格で稼げる人の「マインド」

# 行動しないと稼げない

私の周りには、資格取得に挑戦中の方や、資格取得後も企業に勤める人、士業として経験が長い方、自分と同じように50歳近くで士業として独立したばかりの方などが大勢います。

多くの士業の方々と交流するなかで、資格取得により安定した収入とくらしを手にし、人生に良い変化を与えられている人には共通点があると感じました。

この本の最後に、その特徴についてお伝えします。

まず、もっとも稼げないのは行動しない人です。

行動とは営業活動のことです。オフィスを借り、名刺を作っただけで終わってしまい、まったく営業活動をしないどころか、ホームページさえ作らない人もいます。

士業の会合に参加しても、先輩の先生に「仕事を手伝いましょうか」などと積極的に声をかけることもなく、「仕事を手伝ってくれ」と依頼されても「もう少し勉強してからにさせてください」と断ってしまうのです。

これでは仕事が始まらず、当然、稼げるわけもありません。

おそらく、長年のサラリーマン生活の習性が抜けきれないのでしょう。失敗しないことをよしとして、ルーティンワークをやっていれば評価される企業もありますが、独立したらマインドを変えなければなりません。

失敗は怖いかもしれませんが、行動しなければ何も始まらないのです。

どうしても営業に抵抗がある人は、先輩士業に「何か手伝えることはありませんか？」と、思い切って聞いてみましょう。士業には繁忙期があり、普段はひとりで業務を回している人も、ある時期だけは人手がほしいと考えているケースはよくあるからです。

手取り足取り教えてもらえるわけではありませんが、顧客と直接向き合わなくてすむため、気持ちはだいぶ楽になります。

# 資格ゲッターにならない

以前、士業同士の勉強会や懇親会で、自身の勤務先企業の名刺を誇らしげに見せている人がいました。

私が「将来は士業として独立するのですか?」と聞いてみると、その人は「今、○○の資格の勉強をしています。その試験に合格したら独立します」と言いました。その翌年の会合でも見かけたため、同じ質問を投げかけると、今度は別の資格の勉強をしているというのです。

その人にとっては、会社内で不遇の立場になっても「俺にはいざとなったら違う道がある」と言い聞かせられる、いわば精神安定剤のような役割となっているのでしょう。ある意味では資格を取った効用といえるかもしれませんが、資格は使ってこそ意味があります。

これは、独立した人ではなく、資格取得後も企業に在籍している人によく見られる傾向です。

資格は持っているだけでは何の意味もありません。

資格を心のお守りにするのではなく、副業、異動、転職、独立なんでもかまいませんので、勇気をもって、役立てるための行動をとりましょう。

なお複数の資格を持っていると仕事を受ける間口が広がると思っている人は、考えを改めたほうがよいでしょう。

たしかに行政書士の資格を活かして許認可をとったあと、社労士の資格を活かして顧問契約をもらうなど、通貫して仕事を受けることはできます。

しかし地味な資格とはいえ、それぞれの実務は難しく、同時にマスターできるほど甘い世界ではありません。中途半端な仕事をしてしまうと、リピートや紹介がもらえなくなります。

ひとつの資格の実務を完璧にできるようになるまでは、他の士業の領域については、知り合いに紹介したほうがよいでしょう。

# 依頼された仕事はすべて引き受ける

仕事の依頼は突然やってきます。

もう少し勉強してから引き受けようとか、自分が知っている業務の依頼がきたらにしようなどと考えず、まずはすべて受けるようにしましょう。

勉強してから少しずつ実務経験を積んでいきたい気持ちも分かりますが、それではいつまで経っても踏み出せません。実戦こそが最高の教材なのです。

とはいえ依頼者は専門家であるあなたを信じて依頼してくるわけですから、失敗は許されません。残念ながら、地味な資格だからといって責任が軽くなるわけではないのです。行政書士が行う許認可に関する業務などは、依頼主はその許認可がおりないと商売を始められないため、責任も重いでしょう。

プレッシャーも感じると思いますが、ここを乗り切らないと未来は開けません。

業務に関してわからないことがあるときは、役所に行って相談する、同じ士業の先輩に聞くなど、様々な解決法があります。

なかでも、誰でもできてもっとも有効なのは、時間的な余裕をとることです。「なんだ、そんなことか」と思われるでしょうが、慣れてくると見落としがちな、意外と重要な点です。

役所に行っても手続きや準備の不備により受理してもらえず、1度や2度、出直すことになるおそれもあります。

時間的余裕がないと、クライアントに迷惑をかけてしまったり、適切な対処やそのための確認ができなかったりしてしまいます。複数回、足を運ぶことも想定し、慣れるまでは時間をかけて取り組めるようにしましょう。

なお、未経験の仕事は料金を下げたり、知り合いから受けたりするのがよいともいわれますが、疑問です。

士業の仕事は失敗が許されない厳しいものであり、お金が安かろうが、知り合いであろうが、結果を求められることには変わりないからです。

# 地雷案件が自分を育てる

依頼される仕事のなかには、通常とは事情が異なるイレギュラーな業務や、一筋縄ではいかない業務もあるかもしれません。

あなたが独立したてだからといって、気をきかしてやさしい仕事を回してくれる依頼主は稀なのです。むしろ、他の士業に断られて回ってきたり、先輩の士業が面倒だからと回してきたりしたような、手を出すと怪我をする、いわゆる「地雷」のような案件の対応が必要となることもあります。

私が社労士事務所に入った直後に任された派遣許可の申請代行の仕事も、一筋縄ではいかない「地雷」化した案件でした。

本来はそれほど難しい案件ではないのですが、申請窓口である労働局の需給調整事業部に書類を持参した際、偶然にも厳しい職員に数回連続であたってしまったのです。

窓口は数ヵ所あるため、通常はそのようなことは起こり得ないのですが、なぜか毎回、同じ人でした。

鷹のように鋭い眼で書類の不備を見つけられ、厳しい口調で叱責されるのです。私はそれが怖くて、確認が終わるのを姿勢を正して待つ間、脇からは汗が滲みでて、口がカラカラになっていました。

しかし、その職員の言葉に真摯に耳を傾けていると、しだいに書類作成のポイントなどをぽつりぽつりと教えてくれるようになったのです。おかげさまでそれから私は、派遣許可申請の仕事が得意になりました。

クレーマー体質な顧客の対応、話の分からない上司への提案、足を引っ張るのが得意な同僚との協力……ビジネスパーソンであれば、これらの地雷には近づかないのが賢明でした。

地雷を処理したところで給料が上がるわけでもなければ、地雷を踏んでしまうといくら実力があっても出世できません。

しかし士業の場合は、はじめの段階で面倒な案件をこなしたほうが圧倒的に実力がつき、その後の活動に活きてきます。

サラリーマンのような減点法の世界とは異なるのです。

経験の少ないあなたが面倒な仕事を引き受けるのですから、当然、時間はかかります。「地雷を踏んでしまった。これならアルバイトしたほうが効率的だ」と思うかもしれません。

でも「だまされた！」と、仕事を回してくれた人や依頼主を逆恨みするのではなく、よい経験を積むことができたと前向きにとらえていきましょう。

ただし、なかには、本当に踏んではいけない地雷も存在します。

それは、助成金や補助金の詐欺といった違法業務です。不法就労外国人への仕事の斡旋なども同様です。

独立したての社会保険労務士や行政書士をターゲットにして、これらの違法業務を紹介するブローカー的な業者も存在しますので、注意しなければなりません。

これらの業務に加担してしまうと、資格をはく奪されたり刑事罰を受けたりと、本当に人生が終了してしまうので、絶対に手を出してはいけません。

しかし難しいのは、すべてがグレーな仕事でなく、なかには真っ当な仕事を紹介してくれる業者もいることです。ブローカーというと、胡散臭げな風貌の人たちを想像しますが、「○○研修会社」「○○コンサルティング」などの社名で、都心の一等地にオフィスを構えていたりする企業もあります。

違法とは気づかずに、少し怪しいと感じていても目先の仕事ほしさに、つい乗ってしまう人は意外といるのです。

したがって、怪しいと感じる業者から勧誘を受けたら、信頼できる先輩先生に相談してみましょう。長年活動してきた先生であれば、その業者の評判を知っていたり、真っ当な仕事をしているかどうかが話を聞くだけで判断できたりするでしょう。

# 安価で仕事を受け続けない

仕事がないよりはあったほうがいいからと、安価で仕事を請け負う人もいます。世の中には、とにかく値段が安ければいいという依頼主も一定数はいるので、ある程度の仕事を獲得することはできるでしょう。

しかしそうしたスタンスで仕事を受け続けていると、休日まで仕事で費やしてようやく月収30万円といったような状況に陥ります。

月収で30万円ならまあまあだと思うかもしれませんが、事務所を借りていれば月数万円以上の固定費が発生しますし、自宅を事務所にしていたとしても交通費や通信代は自己負担しなければなりません。国民年金や健康保険も払う必要があり、手取り収入は20万円くらいにしかならないでしょう。

住宅ローンが残っていたり、企業勤めのときから生活水準を落とすことができなかったりすると、生活に苦労してしまうかもしれません。

くわえて、一度下げた価格を上げることは難しいものです。前職の付き合いで安く仕事を請け負ってしまったために、その後に紹介された顧客に対しても同じ価格で仕事を受けざるを得なくなってしまう人は多いのです。

その結果、「前の会社にいたほうがよかった」「アルバイトや派遣社員のほうが収入はいいかもしれない」「アルバイトくらいなら見つかるだろう」と、廃業してしまう人も一定数います。

若くして独立した人に多い傾向ですが、中年でも該当する人はいます。

行動しない人よりはよいかもしれませんが、時間とお金をかけて資格を取ったのに、企業勤めのときよりも稼げなくなってしまうのはもったいないですよね。

そうならないためには、割引料金で仕事を受ける期間を半年間や3社までのように限定し、その期限が過ぎたら自身で作成した料金表に準じて仕事を受けるようにするとよいでしょう。

しかし実際に業界には、驚くほど安い金額で業務を請け負っている事務所もあります。極端な例では、同じ仕事でも料金が高い事務所と低い事務所で、倍以上の開きがあることもありました。

自由競争の業界であるため当然といえば当然なのかもしれませんが、同じ仕事の料金が倍以上も異なる業界は稀です。私が長年働いた印刷業界でも、機械を遊ばせるよりは安い価格でも仕事を受けたほうがよいというスタンスの会社はありましたが、それでも業界水準の半額以下で行うということはありませんでした。

なぜ一部の事務所は料金を安くできるのでしょうか？

企業努力による効率化もあると思いますが、それ以上に、事務所という仕組みによるところが大きいでしょう。補助者とよばれる事務員を雇い、顧客の面談時だけ社労士が対応し、書類作成等は事務員が担当するといった分業制をとっているのです。一般的に事務員の給料基準は最低賃金に近いほど低いため、この仕組みによって低価格が成り立ちます。

もちろんこの仕組みが違法なわけではありませんが、個人であるあなたが同じ料金で受注していたら、あなたの給料も最低賃金のままで終わってしまいます。

経営者や士業のネットワークは強固ですので、低価格で受注したことが地域の同業者に知れ渡り、先輩士業に相談しづらくなるといったデメリットも起こり得ます。


そして最後に、いちばん重要な理由をお伝えします。

それは、安い金額で受注したからといって、依頼主からの要求が容易であるわけではないということです。

個人的な体験でいえば、安い金額で契約した依頼主のほうが、他の依頼主よりも要求が細かい傾向があります。「これもやってくれるのでしょう」と、契約外のことを要求されることもありました。

依頼金は、相手の仕事に対するリスペクトの証でもあります。安い金額で済ませたいという人は、あなたの仕事を「その程度の仕事」と思っているかもしれません。

だからこそ皆さんには、料金を下げるのではなく、適正な料金に見合う、もしくは料金以上の付加価値を出せるよう努めていただきたいのです。

# 時間あたり利益にこだわる

依頼を受ける量がある程度まで増えてきたら、利益についても考える必要があります。そのためには、自分の業務処理能力を可視化できるようにしておくとよいでしょう。

具体的には、これまで受けた案件の、完了までの工程と、それぞれの工程にかかった時間を記録しておいてください。

助成金申請の仕事であれば、顧客との面談、情報収集、書類作成、労働局（助成金窓口）への持参などの工程に分けられます。

この工程表を基に、作業時間あたりの利益を算出します。

たとえば、依頼主からいただいた報酬金額が8万円で、業務の完了までに30時間かかったとします。

**工程表のサンプル**

| 工程 | 所要時間 |
| --- | --- |
| 顧客との面談・やりとり<br>（メール・電話） | 5時間(移動時間も含める) |
| 情報収集<br>（資料の読み込み・窓口への確認） | 10時間 |
| 書類作成 | 5時間 |
| 労働局への持参 | 4時間（移動時間や待ち時間も含める）×２回＝8時間 |
| その他　事務作業<br>（見積書、契約書、請求書作成） | 2時間 |
| **合計** | **30時間** |

交通費や通信代に5000円かかったとすると、7万5000円÷30時間＝2500円があなたの時給となります。ひと月に160時間働くとすると、月の売上は40万円です。

すべてが利益になるのであればそこそこの金額かもしれませんが、事務所を借りていて固定費などが発生する場合は、このままでは厳しいということが分かります。

報酬を上げてもらう交渉をすることも可能ですが、まだ実績のない独立当初であれば難しいでしょう。

となると、利益を増やすためには

所要時間を減らす工夫が必要となります。

ここでも工程表が役立ちます。

「顧客との面談時間、書類作成、事務作業などは削減できる時間にもかぎりがあるため、情報収集の時間を減らしたり、1回で書類を受理してもらえるように確認する回数を増やしたりしよう」など、効率化できるポイントが見えてくるのです。

また、社労士のように顧問契約がある士業は、顧問先企業が増えるとどうしてもひとつの企業にさける時間は減ってしまいます。

顧問先企業が少ないうちは1社ごとに手厚くサポートしていたのに、忙しさによりサポートの維持が難しくなり、「サービスの質が低下した」と不満を持たれ、最悪、顧問契約を解除されてしまうこともあります。

これを未然に防ぐためには、契約時に、提供するサービス内容を明確にしておきましょう。契約の対象となっていない業務は状況により引き受けられないことがある、引き受ける際は別途報酬が必要となるなど、事前に決めておくとよいでしょう。

# レッドオーシャンに飛び込まない

「手続き業務や許認可業務は価格競争が激しくなっているから儲からない」「行政手続きの簡素化やＡＩの進化により、将来的な需要も減るだろう」という声をよく聞きます。

実際、手続き業務や許認可業務を減らし、人事労務問題、人材採用、外国人労働者の活用についてのコンサルティング業務に主軸を切り替える社会保険労務士や行政書士の先生たちは増えています。

しかし、この流れに乗る際は慎重に判断を。

もちろんコンサル業務で成功している先生もいますが、コンサル業務は資格を持っていない人（経営コンサルタントなど）でも参入できるため、競争が厳しい分野でもあるのです。コンサルタントとして契約をとるよりも、助成金の申請や許認可業務のほうが契約はとりやすいでしょう。
まずは士業ならではの独占業務で収入の基盤を固めてから、徐々にコンサル業務へ移行しても遅くはありません。

また、「資格（士業）を前面に出すと、契約料はその士業の平均的な顧問料金に引きずられるので、コンサルタントとして売り込んだほうがよい」という人もいます。たしかにそれぞれの士業の顧問料金には平均的な相場感がありますが、それを超えた金額をもらっている士業の人がいるのも事実です。

なかには、月に10万円以上（もちろんある程度の規模の会社ですが）の顧問料をいただいている社会保険労務士もいます。
依頼主に具体的なメリットを訴求できれば、顧問料金は十分上げられるのです。

むしろ、景気が不透明になると、効果を実証しにくいコンサルタント業務は契約を解除されるリスクが高まります。せっかく苦労して取得した資格を活かさずに、不利なポジションで競争するのは得策ではありません。

# 違う世界を体験してみる

私が社会保険労務士になって痛感したことは、自分がこれまでどれだけ恵まれた環境にいたかということです。

大学を卒業して会社に就職すると、その会社のルールが一般的だと思ってしまいがちです。週2日休めることや、夏季や正月に長期休暇があることを当たり前だと感じている人も多いでしょう。しかし、どの企業も同じわけではないのです。

社会保険労務士の顧問先は中小・零細企業が中心なので、雇用条件などがあまりよくない会社が大半です。

国が推進する「働き方改革」に則り、ワークライフバランスの実現や労働時間の削減などを実現できるよう努めていくことは大切ですが、多くの企業の実情を知らずに理想論だけを語っていると、「この人は現実が分かっていない」と判断されてしまいます。

企業によって給料面だけでなく、労働環境が悪かったり、働く人のレベルもまちまちであったりするため、自分の今までの経験と同じような感覚で企業と向き合うのは危険です。

これは士業として独立する際だけでなく、転職先の企業を検討する際にも重要なことです。

人が自らの考え方の狭さを自覚するのは、違う世界を体験したときです。だからみな、自分探しをしに海外旅行に行くのでしょう。

でも、海外旅行に行かなくても、誰でも気軽に違う世界を体験する方法があります。それはアルバイトをすることです。

ミシュランガイドの一つ星を9年連続で獲得している目黒のイタリアンレストランのオーナーシェフ村山太一氏は、お店の仕事以外にサイゼリアでアルバイトを続けています。本業に役立つことが多く、厨房業務や仕入れの効率化や、入れ替わりが激しかったスタッフの定着にもつながり、売上にも反映されたそうです。

星付きレストランのシェフとして業界内で名声を博した人が、高校生アルバイトの指示に従って働くことを選んだのですから、その発想と行動力は尊敬します。

私もいまの社会保険労務士事務所に入所したときは週2回のアルバイトでした。他の曜日は派遣社員として勤務したり、学童クラブの臨時職員のアルバイトをしたりと、違う世界の仕事を掛け持ちしていました。

サラリーマン生活では体験できなかった貴重な経験を積んだことで、自らの視野や考え方が広がったと感じたのを覚えています。

独立してすぐに事業を始めたり、転職してすぐに次の会社に移ったりするのではなく、少し期間をあけ、アルバイトをしてみるのもいいかもしれません。

これから世の中の多くの企業を相手にしていくうえで、ひとつでも多くの現場を知っていることは、きっと大きな強みになるはずです。

# 合わない人とは無理して付き合わない

いろいろと努力しても、どうしても合わない人はいます。話が噛み合わない、価値観が合わないなど状況は様々で、理由が言語化できるものもあれば、容貌や雰囲気が受け付けないといったこともあります。

理由が言語化できようができなかろうが、合わない人というのは、最初のアポをとる時点からなんとなく分かるものです。

あなたに対してリスペクトがまったくない。面談の時間はこちらが合わせるのが当然。お金を払っているのだからやってもらって何が悪い。こう考える人との建設的なコミュニケーションは難しく、こちらの気持ちも疲弊してしまいます。

そういった方は、たとえ仕事で成果を出しても、あなたに対する態度は変わらない可能性が高いでしょう。「先生」と持ち上げられる必要はありませんが、専門職としての資格を持っていることに対して最低限の敬意は払ってもらいたいものです。

こういった経営者や担当者に無理して合わせる必要はありません。合わない人に無駄なエネルギーを費やしていると、他の仕事にも悪影響が及びます。

幸いなことに、地味な資格による士業の単価は高くありません。顧問先の会社がひとつ減ったとしても、全体の売上に与える影響は少ないでしょう。

こちらから面と向かって断るのは気が引けるようなら、標準よりも高い見積を提示すれば、相手から断ってくれるでしょう。

つらいときは、資格をとろうと決意した理由を思い出してください。

会社の隅でやりがいのない仕事をこなす。そんな日々に耐えられなくなって思い立ったはずです。

精神的なストレスから解放されるために踏み出したのに、同じように苦労する状況になってしまっては意味がありません。

サラリーマン時代には、たとえ気が合わない人であっても、上司や重要な取引先であれば無理して付き合う必要がありましたが、独立して士業として働くうえでは、すべて決めるのは自分です。

理想の関係とは、サポートした会社が伸びることで、あなたの仕事も自然と増えていく関係です。

下請けの犠牲により元請けが発展するのではなく、お互いが物理的にも精神的にも豊かになれる、そんな関係を目指していきましょう。

日本には中小企業が何万社もあります。

お客様になっていただける候補は他にもたくさんあるのです。

これからの人生は、あなたを必要としてくれて、心からサポートしたいと思える人に、時間とエネルギーを注いでいきましょう。

## おわりに

# 資格は人生の敗者復活戦

私には歳が離れた兄がいます。成績優秀で、厚生労働省のキャリア官僚となった秀才であり、家族や親戚からも尊敬された期待の星でした。

そして私も小学生の頃は比較的成績がよく、兄同様に期待されていました。

しかし、それも中学1年生まででした。

中学2年の半ばから、勉強に対するやる気がなくなり成績は急降下。部活も辞めてしまうなど熱中するものを見つけられなくなり、両親からも失望されました。

奇跡的に高校や大学には合格できたものの、入学してからの成績は振るいませんでした。本書の「はじめに」でも述べたように、高校では心を入れ替えて勉強したのですが、成績は振るわず、自信を失ってしまいました。

そしてその頃から、小学生の頃の活発な性格は影を潜め、引きこもり気味の性格になってしまったのです。

就職後も似たような状況です。やる気は空回りするばかりで、成果には結びつきませんでした。

一方、同級生達はどんどん昇進していき、年収にも差がついていきました。活躍する同級生に引け目を感じていたのでしょう。同窓会などの誘いがあっても参加することはありませんでした。

その反面、お酒を飲んだときなどは、「あいつは要領がいいだけだ」「俺はまだ本気を出していない」といった愚痴や悪態を、妻や会社の同僚についていました。「冴えないおじさん」を通りこして、「迷惑なおじさん」になっていたのかもしれません。

そんな私を救ってくれたのが、資格でした。

ここまで読んでいただいたみなさんも、資格試験に挑戦する意欲が湧いてきましたでしょうか？

もしかしたら、本当にできるのかなと躊躇している人もいるかもしれません。

私も、社会保険労務士試験にむけて勉強していた時期を振り返ると、よくやったと自分を褒めたくなる反面、苦しかった時期も思い出してしまいます。

でも、それよりも大変だったのは、社労士の実務に就いてからです。

案件ごとに新たな例外事項が発生し、イメージしていたようなルーティンワークとは遠くかけ離れていました。情報をキャッチアップするための勉強で、週末の休みが潰れたときもありました。打ち合わせや出張も次々に発生します。

「思ったよりも難易度が高い仕事だ。続けられるのだろうか……」という不安に苛まれた時期があったのも事実です。

こんな話を聞くと、「試験勉強は大変だ」「合格してからも努力を求められるのか」「そんな苦労はご免だ」と考える人もいるでしょう。

でもよく考えてみてください。
サラリーマンのほうが良いと、本当にそう言えますか？

サラリーマンの世界の給料は、本人の実力よりも、属している会社の規模などで決まってしまいます。歩合制で働いている営業マンなど、一部例外な働き方もありますが、それはごくわずかです。

同じ仕事をしていても、会社が違うだけで収入が100万円以上も変わってしまうのです。お金だけでなく、発注側と受注側、親会社と子会社など、目に見えない力関係や立場もあります。

なにかと制約や限界を感じ、やりたいことや挑戦したいことがあっても実現できず、仕事の満足感を得られないことも多いのではないでしょうか？

いまだに新卒入社至上主義である日本では、最初に入社した会社によって、生涯年収や仕事の満足度が決まってしまいます。

最近は転職や中途採用も活発にはなりましたが、中小企業から大企業に転職するのは依然として難しいものがあります。

つまり、いくら努力しても、たどり着ける限界が決まってしまっているのです。

ですが士業や専門職の世界は違います。

実力さえあれば、資格の難易度に関係なく、いくらでもお金を稼げます。

本書で取り上げた士業は、司法試験や税理士試験よりも簡単です。

社会保険労務士や行政書士の中には、弁護士や税理士よりも稼いでいる人もいます。私も社労士になって日が浅いですが、サラリーマン時代の最高年収を上回ることができました。


つまり、努力すればした分だけ報われるのです。


また、依頼してくれた事業主のなかには、心から感謝してくれる人もいます。

こうなると、勉強するのも苦ではなくなります。もっと喜んで貰うためにもっと調べよう、頑張ってみようと、努力するのが楽しくなってきます。


社労士になるまで、私は、自分には何の才能もないと思っていました。

そして、置かれた環境に対して、不満ばかり感じていました。

でも本当は、才能がなかったわけでも、環境が悪かったわけでもなく、たんに自分の才能を発揮できる「場所」を見つけられていなかっただけでした。

この仕事を始めたことで、ようやく気づけました。


新卒で希望とする職場に入れた人は素晴らしい人たちです。

それまでの18もしくは22年間、他人よりも頑張ってきた事実は揺るぎません。

ですが、働き出してからの期間のほうが遥かに長いのも事実です。

入社した会社で能力を発揮できなかったり、30代以降になってようやく自分の能力に気づけたり、別の才能が開花したりする大器晩成型の人もいるでしょう。


資格試験は、そうした人に門戸が開かれた、敗者復活戦なのです。


今の自分に納得がいかなければ、敗者復活戦に挑んでみませんか？

年収や仕事のやりがい以外にも、知識や知恵なども得られます。

平坦な道ではないかもしれませんが、総合的な人間力が高まることは、間違いありません。

本書を書くと決めたのも、私が感じたこの気持ちと、自分を変えてくれた体験を、同じような悩みを持つ人に届けたかったからです。

最後に、企画のヒントをくださった柿内尚文さん、森モーリー鷹博さん、長い間、いつも適格なアドバイスをしてくれた編集者の石井一穂さんにあらためてお礼を申し上げます。

私一人では、最後まで書くことはできなかったでしょう。

資格をとったあとのことは、またその時になって考えてもよいのです。

本書を読み終えた人は、まずは自分が目標とした試験に合格することを目指して、一歩踏み出してみてください。

佐藤敦規

【著者略歴】

**佐藤敦規**（さとう・あつのり）

社会保険労務士。中央大学文学部卒。新卒での就職活動に失敗。印刷業界などを中心に転職を繰り返す。窓際族同然の扱いに嫌気がさし、50歳目前で社会保険労務士試験に挑戦し合格。三井住友海上あいおい生命保険を経て、現在は社会保険労務士として活動。企業を相手に、就業規則や賃金テーブルの作成、助成金の申請などの相談を受けている。資格取得によって収入が200万アップするとともに、クライアントの役に立っていることを実感し、充実した生活を手に入れた。お金の知識を活かして、セミナー活動や、「週刊現代」「マネー現代」「THE21」などの週刊誌やWebメディアの記事も執筆している。

# おじさんは、地味な資格で稼いでく。

2021年 2月 1日 初版発行
2021年 4月 9日 第3刷発行

発行 株式会社クロスメディア・パブリッシング
発行者 小早川 幸一郎
〒151-0051 東京都渋谷区千駄ヶ谷 4-20-3 東栄神宮外苑ビル
https://www.cm-publishing.co.jp
■本の内容に関するお問い合わせ先 …………………… TEL (03)5413-3140 ／ FAX (03)5413-3141

発売 株式会社インプレス
〒101-0051 東京都千代田区神田神保町一丁目105番地
■乱丁本・落丁本などのお問い合わせ先 ……………… TEL (03)6837-5016 ／ FAX (03)6837-5023
service@impress.co.jp
（受付時間 10:00 ～ 12:00、13:00 ～ 17:00 土日・祝日を除く）
※古書店で購入されたものについてはお取り替えできません

■書店／販売店のご注文窓口
株式会社インプレス 受注センター ……………………… TEL (048)449-8040 ／ FAX (048)449-8041
株式会社インプレス 出版営業部 …………………………………………… TEL (03)6837-4635

ブックデザイン 金澤浩二
DTP 荒好見
印刷・製本 中央精版印刷株式会社

カバー・本文イラスト 本秀康
編集協力 森モーリー鷹博
ISBN 978-4-295-40499-6 C2034